博物馆里的中国设计与风格

刘静伟 著

Chinese
Design and Style
in Museums

化学工业出版社
·北京·

作者倾十余年心血,踏遍南北各地百余家博物馆,查阅三百余万字资料,前后修改三次,最终将《博物馆里的中国设计与风格》呈现给读者。本书通过对每个朝代典型文物的创作背景、色彩、造型、纹饰、质地、铭文、落款及其变化等方面的研究,带你纵览八千余年的华夏文明,领略历代文物所承载的设计风格与审美价值观,从中感受中华文化的博大精深和发展脉络。

本书借助考古学、历史学、美学、工艺美术史、文学史等成果,应用语言及语言模态的关系,开展了对中国历代风格与设计的解构与建构,将流传下来的文物用现代词语进行解读。这样的解读不仅有助于读者更加容易地读懂中国历代设计风格,而且对开展融合今古的创新设计工作有积极的指导意义。认知中国风格有助于人们心灵的回归,能增强民族自豪感和自信心;有助于人们从几千年的文化宝藏中汲取养分,开展新创造与新设计。

图书在版编目(CIP)数据

博物馆里的中国设计与风格/刘静伟著. —北京:化学工业出版社,2018.10
 ISBN 978-7-122-33091-8

Ⅰ.①博⋯ Ⅱ.①刘⋯ Ⅲ.①文物-介绍-中国 Ⅳ.①K87

中国版本图书馆CIP数据核字(2018)第219471号

责任编辑:李彦芳　　　　　　　　装帧设计:王晓宇
责任校对:宋　玮

出版发行:化学工业出版社
　　　　（北京市东城区青年湖南街13号　邮政编码100011）
印　装:天津图文方嘉印刷有限公司
889mm×1194mm　1/16　印张17　字数530千字
2019年3月北京第1版第1次印刷

购书咨询:010-64518888
售后服务:010-64518899
网　址:http://www.cip.com.cn
凡购买本书,如有缺损质量问题,本社销售中心负责调换。

定　价:138.00元　　　　　　　　　　　　版权所有　违者必究

前言

随着人们生活水平的提高，越来越多的人对生活品质、生活品位展开了思考与探索，对自我价值存在的方式、个性表达的方式展开了思考与探索。游弋华夏大地，纵览八千余年的文明，各地博物馆的文物所承载的文化信息为我们提供了思考与探索的机会。

走进博物馆，面对一件件精美的文物，时常听到人们由衷的感叹：好漂亮啊！真好看！无论是《国家宝藏》，还是《如果国宝会说话》，都展示了当时人们所拥有的智慧与创造能力，这凝聚着他们的自信、骄傲与自豪。这些设计与创造，为后世历代人民的设计与创造提供了创意。

面对这些文物，消费者可以感叹，而设计者则需要剖析。如同我们面对镜子时一样，在镜子里看到了什么呢？是漂亮？是好看？还是萌、帅、酷、呆、可爱、优雅、洒脱等描述词语所具有的内容？

本书借助考古学、历史学、美学、工艺美术史、文学史等研究成果，应用语言及语言模态的关系（见刘静伟著《设计思维》），展开了对中国设计与中国风格的解构与建构。这是一种尝试，将华夏文物用现代词语进行解读，如同国宝与我们之间进行着交流与会话一样。本书记录与汇集了这些对话的结果，呈现了文物造型、材质、颜色、技术等相关语言是如何为人们提供生活意义、生活趣味、生活价值的。书中的词语有的来源于典籍，有的是以文物为对象展开词语测试的结果。

书中图片除特别标注外，均为笔者拍摄。对那些提供图片的同学与朋友在此表示由衷的感谢！同时，感谢那些艰辛工作的考古人，借用《西周乐悬制度的音乐考古学研究》的作者王清雷先生的一句话："当我们在博物馆欣赏一件件精美的文物时，别忘记在后面有无数的田野考古人在默默地奉献他们的青春与热血。"感谢家人的支持，女儿说：我们尝试提供一种方式，让人们去欣赏历代中国人创造的美。感谢我的同事与朋友，你们的问候、关怀、建议，已成为我的动力。

毕竟笔者的时间有限，精力有限，知识有限，权当抛砖引玉，期待更多的人加入（weijingliu@163.com）。

刘静伟
2017年11月于长安

目 录

第一章 **1**
中国风格与设计概述

  一、风格   2
  二、中国风格溯源   2
  三、中国早期文化区域   3
  四、文化资源与文化遗产   4
  五、风格的属性   6
  六、风格与设计   9

第二章 **11**
红山诸文化风格与设计——山风雄硕

  一、高贵、彪悍的C形龙   13
  二、淡定、威武的动物   13
  三、明快、华丽的勾云形纹   17
  四、豪放、平和的红山彩陶   19
  五、质朴、肃穆的斜口器   19

第三章 **20**
良渚诸文化风格与设计——渚风玄朴

  一、幽玄、威严的神人和鸟兽饰件   22
  二、雄壮、深沉的神人兽面像   23
  三、挺拔、端庄的琮   24
  四、厚重、雄浑的钺   25
  五、深沉、阳刚的龙首纹   25
  六、清爽、优雅的锥形器和冠状器   26
  七、幽玄、秀丽的黑陶   28
  八、稚朴、醇厚的动物   29

第四章　**32**
仰韶诸文化风格与设计——韶风瑰琦

  一、瑰琦、聪慧的圣人造物　　　　　　　　33
  二、清新、淳朴的动物　　　　　　　　　　34
  三、欢腾的鱼儿　　　　　　　　　　　　　35
  四、淳朴、多变的兽面纹　　　　　　　　　37
  五、柔和、秀美的花瓣纹　　　　　　　　　38
  六、清丽、俊逸的枝条与花朵　　　　　　　39
  七、绚烂、壮丽的漩涡纹　　　　　　　　　40
  八、健硕、粗豪的太阳纹　　　　　　　　　42
  九、雄壮、粗豪的神人纹　　　　　　　　　43
  十、绚丽、浑朴的垂幛纹　　　　　　　　　44
  十一、沉静、变幻的几何纹　　　　　　　　45

第五章　**46**
夏代风格与设计——夏风仙浑

  一、静穆、仙秀的牙璋　　　　　　　　　　47
  二、飘逸、灵动的牙璧　　　　　　　　　　48
  三、仙秀、灵动的青铜爵　　　　　　　　　48
  四、浑然、幽冷的黑陶　　　　　　　　　　49
  五、静穆、粗犷的扉棱　　　　　　　　　　51

第六章　**52**
商代风格与设计——商风倨傲

  一、庄严、尊贵的鼎　　　　　　　　　　　53
  二、豪放、沉雄的觥　　　　　　　　　　　55
  三、诡奇、迷狂的尊、瓿、卣、鬲　　　　　56
  四、飞扬、刚劲的扉棱　　　　　　　　　　57
  五、狞厉、狂飙的兽面纹　　　　　　　　　58
  六、沉稳、倨傲的玉　　　　　　　　　　　58
  七、瑰丽、优雅的白陶与青铜　　　　　　　61
  八、稚拙、单纯的动物　　　　　　　　　　63
  九、冷峻、高贵的三星堆　　　　　　　　　65

第七章　**67**
西周风格与设计——周风雅正

一、庄重、宏阔与刚毅的鼎、簋	69
二、阔达、懿德的凤鸣岐山	70
三、宏阔、雄浑的交龙纹	71
四、严正、庄重、刚毅的曲折雷纹与直棱纹	71
五、苍润、简朴、醇和的环带纹与窃曲纹	73
六、温和、典雅的鬲、卣	76
七、沉郁、温厚的素面青铜	77
八、自信、优雅的觚、觯	77
九、葱茏、清疏、典丽的杯与盉	78
十、温润、柔和的玉与君子	80

第八章　**82**
春秋战国风格与设计——春风华滋

一、华美、壮阔与尊贵的生活画面	84
二、华丽、雄壮的建筑	85
三、稳健、华美的灯具	86
四、斑斓、华丽的错	88
五、诚朴、飞扬的动物、植物与云彩	89
六、浮动、煞猛的瓦棱纹	90
七、诡异、浮动的蟠虺纹、蟠螭纹	90
八、奔放、灵动的玉	91

第九章　**93**
楚国风格与设计——楚风浪漫

一、威严、傲然的虎座凤鸟	95
二、飞扬、轩昂的护主兽	96
三、奔放、华贵的神兽、神鸟、神人	97
四、华丽、恣意器物口沿、肩部等局部装饰	98
五、祥瑞、圣洁的鹿	100
六、典雅、富丽的漆器	101
七、玄怪、有趣的根雕	103
八、诡谲、飞扬的纹饰及绘画	103

九、狂放、洒脱的玉　　　　　　　　　　　103
　　十、劲健、优雅的座屏　　　　　　　　　　105

第十章　106
秦朝风格与设计——秦风雄骏

　　一、沉稳、智慧的将军　　　　　　　　　　108
　　二、清朗、锋锐的兵士　　　　　　　　　　110
　　三、生蹭、强悍的虎、蛇　　　　　　　　　112
　　四、宏大、舒展的乐器　　　　　　　　　　113
　　五、桀骜、坚定的秦砖秦瓦　　　　　　　　113
　　六、稳健、朴拙的日常用具　　　　　　　　115
　　七、闲适、恬淡的装饰物　　　　　　　　　116

第十一章　118
汉朝风格与设计——汉风优雅

　　一、温柔、敦厚的汉人　　　　　　　　　　119
　　二、昂扬、雄健的马　　　　　　　　　　　122
　　三、雄浑、纤魅的博山炉　　　　　　　　　124
　　四、刚健、神武的神兽　　　　　　　　　　124
　　五、飘曳、飞扬的龙凤　　　　　　　　　　126
　　六、轻盈、飘洒的乐舞　　　　　　　　　　128
　　七、醇厚、温情的生活用品　　　　　　　　130
　　八、淡远、醇厚的画像砖　　　　　　　　　131
　　九、激越、优雅的滇国　　　　　　　　　　134

第十二章　136
魏晋风格与设计——魏晋风度

　　一、清朗、飘纵的人们　　　　　　　　　　137
　　二、飘纵、孤绝、悲壮的竹林七贤　　　　　141
　　三、激情、俊秀、绮丽的曲水流觞　　　　　142
　　四、幽静、缥缈的青瓷　　　　　　　　　　144
　　五、清丽、空疏的鸡首壶　　　　　　　　　145
　　六、简朴、从容的牛车　　　　　　　　　　146
　　七、优美、玄妙、轻盈的曹衣出水　　　　　148

第十三章 149
唐朝风格与设计——唐风雍荣

- 一、优雅、傲娇的女子 150
- 二、豁达、沉静的男子 154
- 三、华美、尊贵的供奉 155
- 四、矫健、骄傲的龙 156
- 五、闲适、畅快的茶具与香囊 157
- 六、雅致、威严的凤首壶 159
- 七、健壮、激越的打马球运动 160
- 八、斑斓、富丽的唐三彩 161
- 九、优雅、华贵的马 166
- 十、高雅、素洁的秘色瓷 167
- 十一、柔丽、斑斓的绞胎瓷 168
- 十二、沉静、动感的花瓷 168
- 十三、清纯、亮丽的彩绘 169
- 十四、浪漫、奔放的舞蹈 172

第十四章 175
辽、西夏、金的风格与设计——辽夏金风

- 一、轻松、沉雄的人们 176
- 二、劲健、兀傲的壶 178
- 三、端庄、高洁的棱 179
- 四、挺拔、雄秀的凤首瓶、长颈瓶与长颈注壶 180
- 五、敦厚、粗帅的鸡冠壶 181
- 六、鲜艳、淳朴的辽金三彩 183
- 七、朴拙、壮实的鸡腿瓶 185
- 八、简朴、疏朗的瓷器 185
- 九、真诚、和雅的迦陵频伽 186
- 十、欢快、高傲的摩羯 187

第十五章 188
宋朝风格与设计——宋风雅逸

- 一、雅致、淡泊、自在的人们 189
- 二、温润、静谧的汝瓷 191

三、润秀、雅致的官窑瓷　　192

　　四、葱翠、温润的龙泉瓷　　193

　　五、端庄、静穆的哥窑瓷　　194

　　六、浑厚、清幽的耀州瓷　　195

　　七、端庄、幽雅的钧瓷　　196

　　八、幽玄、有趣的建盏　　197

　　九、淡泊、英迈的黑釉瓷　　198

　　十、清丽、雅逸的白釉瓷与青白釉瓷　　199

　　十一、其他　　201

第十六章　203
元朝风格与设计——元风幽丽

　　一、醇厚、旷达的人们　　205

　　二、幽雅、绚丽的青花瓷　　208

　　三、疏朗、高贵的高足杯或高足碗　　213

　　四、醇厚、喜悦的卵白釉瓷　　214

　　五、浑朴、明丽的漆器与金属器　　215

　　六、多样、丰富的戏曲角色与生活诉求　　217

第十七章　219
明朝风格与设计——明风峻雅

　　一、雄锐、散逸与淑雅的人物　　220

　　二、简洁、雅致的家具　　222

　　三、素洁、文雅的紫砂陶壶　　223

　　四、隽秀、文气的折扇　　224

　　五、温润、柔婉的甜白釉瓷　　225

　　六、光润、明丽的青花　　227

　　七、清丽、淡雅的斗彩　　229

　　八、雅致、清逸的顾绣　　229

　　九、富贵、秀媚的五彩瓷　　230

　　十、尊贵、吉祥的建筑及其构件　　231

　　十一、浓郁、靡丽的琉璃　　232

　　十二、庄重、雅致的帽子　　234

第十八章 **235**
清朝风格与设计——清风懿美

　　一、各类人物　　　　　　　　　　　　　　　236
　　二、巍峨、壮丽的宫廷建筑　　　　　　　　　238
　　三、浑厚、富丽的家具　　　　　　　　　　　239
　　四、华丽、富贵的螺钿装饰　　　　　　　　　240
　　五、鲜艳、繁缛、富贵的剔红或雕红漆　　　　241
　　六、华丽、高傲的掐丝珐琅与景泰蓝　　　　　241
　　七、尊贵、豪华的金杯　　　　　　　　　　　242
　　八、精巧、有趣的转心瓶　　　　　　　　　　242
　　九、浓艳、雅致的洗　　　　　　　　　　　　243
　　十、和合、吉祥的合欢瓶　　　　　　　　　　243
　　十一、优雅、高贵的凤冠　　　　　　　　　　244
　　十二、纤秾、富丽的金彩瓷器　　　　　　　　245
　　十三、华贵、雍雅的瓷母瓷器　　　　　　　　247
　　十四、清新、繁丽的珐琅彩瓷器　　　　　　　247
　　十五、秀润、柔美的粉彩瓷器　　　　　　　　248
　　十六、高贵、尊严的黄釉瓷器　　　　　　　　249
　　十七、喜庆、端庄的珊瑚红釉瓷器　　　　　　250
　　十八、凝重、雅致的红釉瓷器　　　　　　　　251
　　十九、生动、幽雅的炉钧釉瓷器　　　　　　　252
　　二十、清艳、高贵的霁蓝釉瓷器　　　　　　　253
　　二十一、沉雄、文秀的茶叶末釉瓷器　　　　　254
　　二十二、肥腴、圆融的青釉瓷器　　　　　　　255
　　二十三、清雅、秀峭的蓝釉瓷器　　　　　　　256
　　二十四、吉祥如意　　　　　　　　　　　　　257
　　二十五、谦和、儒雅的盖碗　　　　　　　　　257
　　二十六、妙趣横生的皮影与京剧　　　　　　　258
　　二十七、精巧、玲珑的鼻烟壶　　　　　　　　259

260
参考文献

第一章

中国风格与设计概述

一、风格

风轻轻拂过你的脸庞,好像伸手就可以抓住,它却在手指间滑过,这是人们对风的感受。当狂风骤起之时,风又带给人们惊奇与感叹。

描述"风"的词语有风云、风雨、风雷、风雪、风沙、风霜、风声等,产生了风景、风光、风味、风貌等相关词(图1-1),因此,用如下这些词语描述与度量"风":风口、风门、风向、风量、风头、风速、风带,它们形成了风力、风势、风压、风浪、风暴、风潮、风神、风烟、风色、风寒、风灾等。

图1-1　风景(刘涛摄)

将风引用到社会生活中会是怎样的描述呢?于是有了:风气、风习、风月、风化、风俗、风行、风传、风尘、风靡、风情、风尚、风趣、风波、风闻、风险、风狂、风控等。在描述社会生活中的人时,有风度、风韵、风采、风姿、风范、风貌、风纪、风雅、风华、风骨、风流、风味、风骚等。

"风"本是一种自然现象,人们描述"风",形成了风的构成与品评,引用到社会生活中,形成了风的格局、格调、格言、格律。在人类生活中呈现出了各种具象或抽象的形象。

综上所述,"风格"包含了人们对生活品评的方式与方法。风格可以用来描述环境、人物、事物、器物等的特征,既有构成的描述,也有效果的描述。因此,风格有踪迹可寻,有逻辑可推演,有语言可表达。

二、中国风格溯源

《诗经》中的"国风"分为:周南、召南、邶风、鄘风、卫风、王风、郑风、齐风、魏风、唐风、秦风、陈风、桧风、曹风、豳风。《诗经》是在距今三千至二千二百多年前的周代产生的诗歌集。这些"风"名是由周文王、周武王开创的时代留下的。他们分封天下,这些名称基本就是那个时代各诸侯国与方位的名称,诸侯国与周王相关方位土地上产生的《诗经》被称为"国风"。

从西周起,产生了与不同地域有关的音乐、诗歌、舞蹈等的记载。"阳春白雪"与"下里巴人"这两个成语来自于周晚期,既表示了一首"诗"欣赏者的多寡,又表示了有两种不同的风格存在。"橘生淮南则为橘,橘生淮北则为枳",诸如此类的表达让后人相信古人已有区域、环境的概念。

如何描述这些不同呢?"士有行己高简,风格峻峭,啸傲偃蹇,凌侪慢俗。"这是晋葛洪《抱朴子·行品》中的论述。晋时,风格一词主要指人的风度、品格,是魏晋时期九品论人的门阀制度开展选拔官员时所用的方法。刘劭的《人物志》是我国第一部以人为研究考察对象的专著。从魏晋时期起,中国开始了从理论上对风格的探索,魏文帝曹丕在《典论·论文》中,晋代陆机在《文赋》中,都表达了他们的思索与观点。特别是刘勰,在《文心雕龙》中论述了三十多种文章体裁的构思与风格。

以刘勰《文心雕龙》中"第五辨骚"一节为例:"故《骚经》《九章》,朗丽以哀志;《九歌》《九辩》,绮靡以伤情;《远游》《天问》,瑰诡而慧巧;《招魂》《大招》,耀艳而采深华;《卜居》标放言之致,《渔父》寄独往之才。故能气往轹古,辞来切今,惊采绝艳,难与并能矣。"从这一段中可以看到"骚体"诗构成的方法与品评的内容。

刘劭在《人物志》中将人的精神、感情、筋腱、骨骼、气息、脸色、仪表、容貌、语言等外在的表现概括为九征,将仁、义、礼、智、信概括为五常,而九征与五常呈现为表里关系。

魏晋以后,有关风格的学说与理论历代也多有著述与补充,其内容涉及诗歌、文学、音乐、戏曲、绘画、人品、物品等生活的诸多方面。李伯超先生在《中国风格学源流》中，以典籍为依据，以诗歌为对象，梳理了中国风格发生与发展的过程，将与风格相关的术语分为三类：一是历史上我们祖先曾用于表达"风格"这个概念本身的词语，如体、味、品、格、趣向、兴味等；二是跟风格形成有关的词语，如气、意、神、韵、精、志、理等；三是用来表述各种风格的词语，如典雅、绮丽、繁缛、新奇、清新、雄浑、高古、豪放、含蓄、旷达、飘逸等。

图1-2 何尊及其铭文（收藏于宝鸡青铜器博物馆）

以唐司空图的《二十四诗品》"三、纤秾"为例："采采流水，蓬蓬远春。窈窕深谷，时见美人。碧桃满树，风日水滨。柳阴路曲，流莺比邻。乘之愈往，识之愈真。如将不尽，与古为新。"从中可以看到"纤秾"景象的表达与呈现，可谓"一意多形"，即一个意象、一个题材有多个形态、多个景象可以呈现与表达。

几千年来，无论是主题思想的创意，还是形态的创新，先辈将感性与理性，抽象与具象等相结合，形成了我国风格的理论与方法。本书立足于设计，立足于古代的器物，解析与凝练古代中国器物上呈现的中国设计风格。

三、中国早期文化区域

考古发现，"中国"二字最早出现在西周时期，这是在一个名为"何尊"的青铜器之上，其内有铭文"宅兹中国"（图1-2），其意为"以此地作为天下的中心"，这是一个方位的认知，也可以说是我国人民的祖先对理想中国的初步表达。

考古学家苏秉琦先生提出，我们对中国的认知经历了"共识的中国、理想的中国、现实的中国"三个阶段。共识的中国，即相当于龙山时代或传说的"五帝"时代，广大黄河、长江流域文化进行了交流，各大文化区系间逐步形成了彼此的认同；理想的中国，即夏商周三代政治文化上的重组；现实的中国，即秦汉帝国。

距今约八千年，华夏大地出现了各类考古学意义上的文化，形成了几大文化区。距今约五千五百年，这些文化区几乎同步发展着，呈现出繁花似锦的景象，其中以黄河中游地区包含中原地区、甘青地区的仰韶文化，长江中下游地区的石家河文化、凌家滩文化、崧泽文化、良渚文化，西辽河地区的红山文化，山东地区的大汶口文化等最为著名。考古资料表明这些文化之间有互动与交流，凌家滩文化与红山文化之间有玉人、玉龟、玉龙、筒形器等共有元素，红山文化与仰韶文化的庙底沟类型之间有花卉彩陶纹饰的共有元素。各地都接受了以"钺"为神权、王权、军权的权力象征符号；其居住形式，产生了以"大房子"为中心的部落布局，还有相似的丧葬仪式。

尽管这些文化有不少共同的构成元素与方式，但是也独自发展出了自己的文化。西辽河区域红山文化的宗教性较强，有"坛、庙、冢"的礼仪形态，发展了粟、黍耕作农业。长江下游的河姆渡文化、崧山文化、良渚文化则产生了"水稻、蚕丝、玉"的生活方式与形态。各文化之间呈现出一定的互动性、继承性与代表性，目前考古出土器物较多的有红山诸文化、良渚诸文化与仰韶诸文化。

约在距今四五千年前，黄河、长江等流域几乎同时进入"龙山文化"时期，以灰、黑陶的三足器、圈足器、袋足器等为共同特征。铜器技术、快轮制陶技术、养蚕缫丝与丝织品技术、玉器技术、漆器技术、建筑技术等有了显著的发展，为进入以中原文明为核心的夏代做好了准备。

考古学家张光直先生提出了"中国相互作用圈"的概念。因为以上这些文化密切的交流，形成了区别于周围其他文化的一个整体，在这个文化圈中，大家共享许多相似性，这个圈子的范围就是中国后来秦汉帝国形成的核心地区，与中国后来的发展呈现出高度一致性，这就是最初的中国，或者说文化上的早期中国。追溯历史，有夏、商、周、秦、汉、唐等朝代名称。"华夏""中国"的称呼也时常出现在历史典籍之中，伴随着这一片土地上的人们。

满天星斗、多源一统，是自成一脉的中国文化写照。大禹治水与"九州"的政治概念，是夏代人构建的一个心怀天下，一个文明与一个政体高度契合的共同体。"中国人勤劳、朴实、自强不息的美德融为一体，孕育出无穷的创造力，成为中华物质文明、精神文明喷源不竭的源泉。"

新时代下，巨大的凝聚力、无穷的创造力、无限的生命力，是我们民族精神的源泉。

四、文化资源与文化遗产

1. 中国语言中蕴藏着丰富的文化资源

从盘古开天辟地，到三皇五帝，我们的祖先开展了神话般的创世史与创业史。一路走来，中国人"筚路蓝缕启山林，栉风沐雨砥砺行"。从"中华文明探源工程"及其一系列考古学所取得的成果来看，在辽阔的中国大地上，祖先进行了丰富的文化创造。在哲学、社会学、经济学、文学、美学、建筑学等诸多领域取得了令世人瞩目的成果，《道德经》《诗经》《尧典》《禹贡》《周易》《论语》《史记》《文心雕龙》等典籍记载、彰显了中国人的文化创造过程与成果。

文字（图1-3），作为一种语言形态，承载了中国文化，从而让我们博古通今，可以应用与开发前人留给后人的文化资源。考古学利用地质学和生物学的理论与方法，提供了地层学与器物形态学的方式与方法。器物形态学又称标型学或型式学，是通过对不同时代、不同文化或同一文化的不同阶段、不同地区的器物就其型态进行排比，从而探索其年代与变化规律的理论与方法。诸如居址、墓葬或其他遗迹的形制，铜、铁、瓷、石等器物均可以用其进行分析判断。通过分析判断，以确定器物所属的年代，并了解当时社会的状况，人们生产与生活的方式等。

图1-3 文字演进的"文物"
（①甲骨文、②金文、③秦小篆、④东晋王羲之行书集字、⑤唐颜真卿楷书）

从现代语言学与信息科学的角度来说，文字是人类创造出来的语言系统，是一套符号系统。语言除了文字这一系统外，还有声音系统，人们通过口耳相传，创造与保存着文化。视觉系统也是在没有文字的时代就产生了，人们通过岩画、雕塑等方法创造与保存着文化，这是通过器物的线条语言、颜色语言、造型语言等语言形态进行诉说与交流的方式（详见刘静伟著《设计思维》第五章）。

语言是文化的载体，人类发展过程中创造了以器物为语言形态的文化，这些器物通过它的语言方式告诉我们远古时代所具有的科学技术与水平。不同时代的器物（或文物）承载了不同时代的生活意义、生活趣味、生活形态。我们祖先所创造的各类生活意义、生活趣味、生活形态借助器物、遗址等"语言"流传至今，影响至今。

西周以"礼乐"文化闻名于世，这是由《周礼》典籍、礼仪中的礼器、礼仪中的《诗经·雅·颂》、参加礼仪的人的行为等共同构成的。西周时，文化从单纯通过器物表达对神、鬼、祖先的崇拜过渡为通过对人的道德管理表达对神、鬼、祖先的崇拜。这是文化上的创举，开创了德治天下的局面。不同语言形态都围绕着不同时代所创设的文化特质而展开活动，如礼仪过程中人们的行为规定、礼器摆放的方式、礼器的造型与纹路构造、礼仪中唱颂时的音律等。西周"藏礼于器"中，用如此多样的语言形式，表达着一个共同的文化特质，那就是"德"与"雅正"。

图1-4 中国文化遗产标志

图1-5 "太阳神鸟"金饰
（收藏于成都金沙遗址博物馆）

2. 经典创造是宝贵的文化遗产

文化遗产有物质文化遗产与非物质文化遗产（图1-4）。物质文化遗产看得见。非物质文化遗产以非物质的形态存在于人们的生活之中，存在于世代相承的各种传统与器物之中，如节日、礼仪等习俗，传统戏曲、音乐、杂技、游艺等活动，即"藏礼于器"。

图1-5是出土于成都金沙遗址的"太阳神鸟"金饰，是二千二百多年以前商周时期创造出来的物品，它成为中国文化遗产的标志。其图案外廓呈圆形，有内外两层，内层图案为等距分布的十二条弧形齿状发散线条，线条按顺时针方向旋转，好像太阳光芒一样；外层图案由四只神鸟等距分布构成，神鸟矫健、自由地飞翔着。器物造型语言简洁精练，构图严谨，线条流畅，呈现出强烈的动感。图案中向四周均匀喷射而出的十二道光芒与等距的四只神鸟，蕴含着先祖对规律的认知，诸如十二个月、十二生肖、四季、四方等。太阳放射的光芒线及环绕太阳飞翔的四只鸟儿，让我们感受到先民对美好生活的向往，展现出飞翔、自由、美好的寓意。"太阳神鸟"金饰呈现出了祖先对自然的认知，他们用杰出的表现形式，高超的技术表达了光明、生命、永恒、自由、昂扬、奋进等美好的生活意义与生活趣味。如此经典的创造是宝贵的文化遗产。

图1-6是恢复重建的广州陈家祠堂外墙立面的一幅砖雕。这座祠堂原建于清光绪年间，是当时广东省72县陈姓人氏合资兴建的合族祠堂。这幅砖雕的创作者采用了祖先留下的创造题材与故事，其场

图1-6 广州陈家祠堂外墙的砖雕

图1-7　牡丹花　　　　　　　　　　　　　图1-8　菊花

景、人物、建筑、动物、植物、服装、用品等呈现了清代、民国时期人们生活的意义、趣味和形态。

国人甚爱牡丹（图1-7）与菊（图1-8）。唐刘禹锡有诗曰："庭前芍药妖无格，池上芙蕖净少情。唯有牡丹真国色，花开时节动京城。"与牡丹有关的典故很多，呈现了人们对牡丹的赞赏。牡丹被国人喜爱，与其呈现的富贵、吉祥意义有关，它端庄、秀雅的造型，高洁、艳丽的色泽，雍容、大气的花型等，构成了人们心目中富贵、吉祥之意，这些构成也成为牡丹独有的文化符号。

中国的山水、植物、动物等是中国文化特质的来源，也是中国风格创作的源泉。中国风格是生活在中国土地上的人们创造出来的。山水湖泊、动物、植物等，给人们以生活启迪；不同区域的地理环境、气候环境、动植物环境等给历代中国人以生活启蒙与创造的机遇与挑战，形成了中国文化的特质与风格，形成了中国的设计与创造。

历史上的人们按照自身生产、生活的需要开展了创造，其设计器物的形制、款式、纹饰等，是人们意识形态的呈现。在一个时期内人们制造的器物，其形制相对稳定并具备共同的特点。不同文化之间的人，因其生产方式、生活方式不同，器物在形制方面也不同。中国人创造出了属于自己的独特文化与风格，形成了独特的风格表述方式与方法。

几千年来，我们的祖先对生活持续地进行着创意与开发，不同文物承载着不同时代的文化风貌、风韵、风采、风姿、风范等特质，这就是风格，是文化基因，是我们性格、喜好、禀赋、情趣、自豪感与自信心形成的基因，是我们身份认同与个性表达的方式与方法，是我们开展当代设计可利用与开发的文化资源与文化遗产。

五、风格的属性

提到中国风格，浮现在人们脑海里的可能是青花瓷、旗袍等具体的物象（图1-9～图1-11）。在悠悠历史长河中，我们祖先创造了许多与人、事、物、环境等有关的文化知识，我国文化自成体系，历朝历代及各文化时期形成众多的风格及一套关于风格的理论与方法。综合这些理论与方法，本书力图呈现与表达中国器物上的经典设计与风格。

1.风格的历史再现性

我国有"事死如事生"的历史习俗，即墓葬所用器物及器物摆放的方式几乎与死者生前一样，或者说是为死者准备了死后在另一个世界如同活着时的世界一样的生活场景。这样的墓葬为解读墓主人活着时所处时代的生活方式提供了依据。在这些墓葬器物中，一类是死者生前的用品，一类则为冥器。冥器是专为逝去的人准备的物品。比较冥器与生活中日常用器的不同，主要区别在于颜色、材质与工艺水平等方面。冥器的使用，尤其是陶俑取代人殉陪葬，是文明的进步。

博物馆陈列了历史上各个时期的文物。陈列展出的器物可分为冥器、日常生活用器、礼器。这些文物来自前人的墓葬、窖藏、祭祀坑与收藏。窖藏中的器物是人们为躲避动乱，而将有价值又无法带走的用品埋藏，希望动乱结束后能重新使用。但种种原因，这些窖藏埋藏品至今才被发现。祭祀坑中

图1-9 清乾隆青花瓷瓶
（收藏于开封博物馆）

图1-10 民国月份牌
（收藏于江宁织造博物馆）

图1-11 民国月份牌
（来源于广西民族博物馆）

的器物为祖先祭祀所用之物，一般为礼器。从新石器时期开始，就有各种祭祀用的器物被发现，有祭神、祭鬼、祭祖先的。

本书以各地博物馆展示的文物为样本展开分析。博物馆中展示的文物有常展与特展。各个博物馆在日常轮换地展出的为常展，以专题为内容组织各地博物馆与文物考古研究所的藏品展出的为特展。

本书将文物按不同文化时期中风格形成与成熟的情况对文物进行了分类。寻找一个时期、一个区域内器物共同的元素或有代表性的元素进行解读，同时采集考古学家、历史学家及观展人对器物品评的语词，这些语词是人们对这些器物的认知与观点。通过对词语与器物的分析，呈现出某一时期、某一区域的风格与设计。以秦国风格与设计为例，不只是分析秦国立国的十五年，而是从其被封国以后（计563年）的创造与设计。

2.风格的多样性

人们说起风格时，可以听到中国风格、美国风格、欧洲风格、印度风格等，这是说风格与地域有关；有秦朝风格、汉朝风格、唐朝风格、中世纪风格等，这是说风格与时间有关；有汉族风格、苗族风格、蒙古族风格、藏族风格等，这是说风格与人群有关。由此可见，风格的表述中有时间、区域、人群等概念，风格是人们对一定时间、一定区域、一定人群生活特征的描述，是人们对生活开展设计的表达与呈现。

还有手工风格、机械风格、数字风格、写实风格、抽象风格等，这是说风格与技术、方法有关；有金属风格、丝绸风格、棉麻风格等，就是说风格与材料有关；有流畅风格、粗壮风格、厚重风格、纤细风格等，这是说风格与造型有关；有鲜艳风格、幽静风格、璀璨风格，这是说风格与颜色、光泽等有关；有青花瓷风格、云雷纹风格、缠枝纹风格、唐三彩风格等，这是说风格与装饰纹样和方法等有关；有清新风格、雅致风格、豪放风格等，这是说风格与生活的趣味、生活的意义有关；有哀愁风格、霸气风格、悲情风格等，这是说风格与人的性格、个性、心情等有关。

综上所述，风格的内容中既有对生活特征、生活趣味、生活意义的描述，也有风格构成技术、材料、造型、颜色、装饰等的描述；既有人们族群、区域、时间上的划分，也有人们各自喜好、性格、禀赋等的表达与呈现。

不同人群会喜欢不同风格。仅就风格本身来说，是包含了人的生活价值取向的，因此，面对风格时有赞赏、推崇，有踩压、批判。风格的多样性成为今天人们生活意义、生活趣味的选择，如何赏析与应用多样性的风格是当今的机遇与挑战。

3. 风格的结构性

历史上对风格的描述，如唐朝司空图的《二十四诗品》、清朝黄越的《二十四画品》等，提供了感性的、抽象的表达方式与方法。《考工记》《天工开物》中有对器物制作方法与结果样式的描述。将形式语言、风格趣味、生产技术、材料性能等诸多因素联系起来开展设计，是风格的结构性带来的挑战与机遇。

依据马斯洛的需求动机理论，本书建构了风格与需求动机之间的关系（见下表）。第一层是马斯洛需求动机理论的类别，第二层为实现第一层内容所依据的情感维度，包含人类的生命意识、社会意识、宇宙意识等。第三层为实现第二层内容所具有的文化特质与风格。如超越性源于人类情感中所拥有的使命感、历史感、责任感、未来感、现代感、秩序感、快感等文化属性，在器物设计或活动的设计实践中可以呈现出凝重、崇高、壮美、严谨、璀璨、超旷、神秘、炫目、壮丽、优美、古拙、伟大、自由等文化特质与风格。将生活中的意义、趣味、价值等通过风格的构成技术与方法来开展创作，表达人们的个性、自我价值与生活动机等，达到满足与调适情感诉求的目的与效果。对于"时尚、潮流、个性、自我"等概念，借助此方法可开展设计与创意。

马斯洛需求动机理论与风格的关系

第一层 类别	第二层 情感的维度	第三层 特质与风格
超越需要	使命感、历史感、责任感、未来感、现代感、秩序感等	凝重、崇高、壮美、严谨、璀璨、神秘、炫目、壮丽、优美、古拙、伟大、自由等
自我实现需要	自豪感、成就感、无助感、挫折感、光荣感、满足感、抵触感等	欢喜、快乐、自豪、信心、成功、强大、自信、豪迈、荣耀、惊讶、清俊、骄傲、满意等
审美需要	崇高感、优美感、幽默感、神圣感、愉悦感、性感等	纯洁、剽悍、豪爽、洒脱、冷漠、娇憨、聪明、朦胧、沧桑、优雅、妩媚、荒诞、典雅等
认知需要	理智、新鲜感、神秘感、真实感、形式感等	严谨、随意、新鲜、探索、兴奋、虚幻、明快、简洁、沉重、高妙、曲折、苦涩、自由等
尊重需要	道德感、命运感、正义感、羞辱感、好感、厌恶感、优越感等	谦和、圆润、热情、雅正、激荡、雄伟、雄壮、个性、修养、财富、冷漠、傲慢、虚荣等
生理需要	口感、触感、沉浸感、刺激感、体量感、疼痛感、距离感、动感等	细腻、粗糙、酥脆、醇和、筋道、冰凉、鲜美、馥郁、清纯、清新、灵敏等
归属与爱的需要	幸福感、情感、民族感、荣誉感、孤寂感、恬静感等	欢乐、甜美、仁和、善美、博爱、互爱、兼爱、温婉、开放、孤独、融合、民族、奢华、平庸等
安全需要	饥饿感、敏锐感、安全感、力量感、钝感、紧迫感等	混乱、恐惧、惊吓、坦然、稳定、敦厚、勇气、力量、体贴、信赖、私密、温暖、冷漠等

六、风格与设计

作为文化资源,风格是全世界都可以共同享用与开发的。如朋克风格的服饰(图1-12、图1-13),这种金属装饰展示的向外张力,或者说产生的自我放纵与释放的感觉受到世界各地人的喜爱。朋克风格源于欧洲街头,时间并不长,可是它表达了人们的心理。这种文化现象在两千多年前,楚国创造的文物上也可以看到(图1-14),这种类似的造型方法,类似的情感诉求与心理诉求。风格具有普世的创造价值、趣味与意义,任何产品或人造物都是文化的载体,需要系统地、科学地梳理中国风格,从而有效地实现文化资源与文化遗产的利用与开发。

图1-12　朋克风格的服装(来源于网络)

图1-13　朋克风格的包(来源于网络)

图1-14

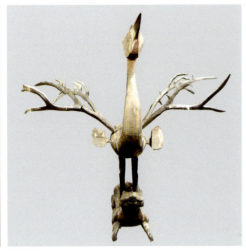

图 1-14 楚地出土的文物

风格是人们对人、事、物、环境等构成效果的描述与呈现，是人们对生活意义、生活趣味、生活情感的表达与呈现，也是人们对自我价值、禀性、个性等的表达与呈现。在此基础之上，现代设计可以进行如下探索。

1. 个性与自我价值的表述与欣赏

个性表达与自我价值呈现是伴随着经济发展所呈现出来的问题，原来只是皇家少数人拥有的风格，今天，普通大众也可以通过享用这种风格的产品来彰显自我价值。历史上的经典创造，为当下人们的个性表达与自我呈现提供了思路与方向。个性不仅仅是张扬，还可以被描述为典雅、清新、雄浑、高古、豪放、萌、旷达、飘逸等。当然，不可能将全国十几亿人的个性只用这十七个文化时期来分类，但可以此为参考，以任何一个语词为依据，区分与欣赏彼此的个性与自我价值，沿着文明前行的方向继承与创新。

2. 时空中情景的表述与欣赏

中国风格是历史上各个文化时期创造的，如在同一时期、同一空间内都呈现出来而不产生冲突，这需要当今人的聪明才智。不同时间、不同空间被人们创造与应用的风格，人们在个性表达、需求表达、趣味表达时，需要建立新的时空观，即在风格与时间、空间之间建立新的关系，如可区分为公共空间、私人空间、特定空间等；在同一空间不同情景下，或不同空间同一情景下去欣赏与设计文化属性与文化特质，避免冲突，以达到和谐共处的目的与效果。

3. 设计中创新与创意的表述与欣赏

生命价值、生活意义是风格的核心，本书按朝代更替的时间列举的十七种风格，呈现出了一定时期的生活意义、生活趣味及创造出的经典形式，为生活意义、生活趣味、生活形态的继承与创新提供了线索。古代风格作为文化遗产、文化资源以造型语言、颜色语言、材料语言、装饰语言、技术语言等多种语言形态为继承与创新创意提供了线索。如西周的雅正，采用了规整、方正、宏阔的形态，肃穆、庄重的颜色，精湛、严谨的青铜材料及技术。如楚国的浪漫，采用了傲然、激越、诡谲的形态，绚丽、率性的色彩，高妙、玄幻的漆器材料及技术。借助于经典，设计师们在呈现自我表达、个性诉求的需要时，可以在中国元素、中国技术与材料等方面欣赏、继承与创新创意，助推社会文明的发展，从而在新时代创造出与五千年文明相符的设计。

借助于经典，人们在进行自我表达与个性诉求时，有心灵回归的路径与自我身份的认证。借助于经典，人们容易理解与享用几千年文明带给我们的宝贵财富，从而产生民族自豪感。借助经典，可以沿着文化的血脉继续创新前行。风格助力人们寻找自我的定位与个性表达，有助于人们身份的认证与心灵的回归，有助于民族自信心的建立与新创造、新设计的开展。

第二章

红山诸文化风格与设计
——山风雄硕

神圣　古拙　雄壮　华丽

红山文化（公元前4000年～前3000年）因首次在内蒙古赤峰红山遗址考古发掘而得名。迄今为止，这一地区发现了新石器时代的小河西文化、兴隆洼文化、赵宝沟文化、红山文化、小河沿文化，青铜时代的夏家店下层、柳南、夏家店上层文化，因此被认为是"红山诸文化"。

小河西文化因首次发掘于敖汉旗木头营子乡小河西遗址而得名，距今8200年以前，是我国北方地区已知最早的新石器时代考古学文化。小河西文化主要分布于老哈河和西拉木伦河流域，渔猎和采集是其主要生活方式。

兴隆洼文化因首次发掘于敖汉旗宝国吐乡兴隆洼遗址而得名，公元前6200年～前5400年，其范围南至燕山以北，北及松辽平原。出土的粟和黍是目前最早的人工栽培农作物之一，渔猎、采集和原始农业是其主要生活方式。

赵宝沟文化因发掘于敖汉旗新惠镇赵宝沟遗址而得名，公元前5200年～前4400年，其范围北起西拉木伦河以北，南至渤海北岸，原始农业、渔猎和采集为其主要生活方式。

小河沿文化因发掘于敖汉旗四道湾子镇（原小河沿公社）南台遗址而得名，公元前3000年～前2500年，主要分布在老哈河和大凌河中上游地区。

夏家店下层文化因发掘于赤峰夏家店遗址而得名，公元前2200年～前1400年，与青铜文化同时代，其范围北起西拉木伦河，南至燕山以北地带，赤峰地区和通辽市南部是其中心分布区，以农业为主要生活方式。

红山文化时期，已经出现了以祖先崇拜、天地崇拜、龙图腾崇拜为代表的公共信仰和祭祀礼仪系统（图2-1），多地出现祭坛、神庙、祖庙，敖汉兴隆洼遗址出土了红山文化晚期整身陶人（图2-2），敖汉草帽山遗址出土了红山文化石人像（图2-3），多地出土以玉为主体的礼器。

红山文化的玉器

图2-1　祭祀场景（来源于内蒙古博物院）

图2-2　陶塑人像（收藏于敖汉史前文化博物馆）

图2-3　石刻人像（收藏于敖汉史前文化博物馆）

有龙、玉猪龙、龟、鸮、神人、勾云形器、斜口器等，质地优良，工艺精妙，富有神秘感。玉器多为墨绿色、淡绿色、深绿色、黄绿色或青绿色，红山人已经能熟练地运用切割、琢磨、钻孔、抛光、圆雕、浮雕、透雕、两面雕等技法。

1971年，内蒙古翁牛特旗三星他拉村发掘一件龙形器（图2-4①），该器为玉质，高26厘米，整体呈"C"形，墨绿色玉质，通身琢磨，吻部前突，龙首阴刻梭形大眼，龙头后有鬣长贴身高扬，造型遒劲有力，显得威严、潇洒、飘逸。红山诸文化具有的雄硕风格呈现出神圣、古拙、雄壮与华丽的特质。

一、高贵、彪悍的C形龙

C形龙（图2-4）是红山文化的代表性作品，在人类处于蒙昧时代，自身周遭有着众多无法解释的现象，人类产生的好奇与紧张，通过C形龙的创设达到平衡。

红山文化较早地进入到旱地农耕文明，对于自然的关注是非常高的。周围的山峦、河川经常发生变化，突然刮起的大风，暴涨的河流，甚至莫明其妙"睡去"而再也唤不醒的亲人等，诸多现象无法理解与解释，使人们对自然产生了深深的敬畏。于是，人们高高地举起神圣之物，对所景仰的物与事表达着虔诚与崇拜。C形龙的创造呈现出这样一种状态：隐而不发，不怒自威。人们以最虔诚的心理，最朴素的情感，去表达崇拜与敬意，以此消散自身的紧张与好奇，祈求上天的眷顾。

在众多的红山文化遗址中，发现了许多类似祭坛的地方，同时还发现了泥塑像与石人雕像（图2-5），这些塑像或雕像肃穆、平和、高贵，它们的存在显示出红山人所进行的活动——祭祀，显现着神崇拜、鬼崇拜、祖先崇拜、动物崇拜或天地崇拜，这是万物有灵的认知。

许慎的《说文解字》解释"巫"为"巫，祝也，女能事无形，以舞降神者也"。人们将从事主持祭祀活动的人称为"巫"，有了巫师，通过"巫"，人们能与鬼神沟通。巫是人神之间的中介，通过念咒、跳舞、祭拜等手段，实现上达人的祈愿，下传神的旨意，调动鬼神之力为人消灾祈福的目的，后世逐渐发展出了诸如医病、解梦、预言、祈雨、占星等活动。

如同众多的原始文化一样，红山文化人进行着这类使大自然不断地人格化的活动，在此过程中呈现出肃穆、平和、高贵、威风、彪悍、冷隽、狞厉、昂扬等姿态。

二、淡定、威武的动物

红山人与动物亲密，并对动物展开了想象，其创设器物的一种方法是仿生，另一种方法是对动物进行组合或嫁

图2-4　C形龙（①收藏于中国国家博物馆，②收藏于震旦博物馆）

图2-5　石人雕像（收藏于内蒙古文物考古研究所，张瑞霞摄）

接，这些似乎是护身符，或作为人的替代品。

1.圆融、浑朴的原生动物

图2-6为玉龟，此玉龟头向外伸着，四肢张开，似在慢慢地行走，稳稳地向前。玉龟造型臃肿，轮廓厚重，丰满肥圆，强健，一副憨态可掬、活泼可爱的样子。图2-7为鸮，顶端圆凸似鸟首，两只眼并列地雕刻在竖置的顶端位置，腹部肥厚，整体圆润、浑朴、舒展；尾部较宽，两侧翅膀垂展，翅膀与尾羽之间有左右对称的凹槽；足爪通过凹凸变化，似双足收紧状；呈俯飞状，它好像在环视天下，威武淡定。

这些动物作品造型较为写实，且非常简练传神，简约概括，结构对称。反映出红山人对相伴相生的动物观察仔细，并借助自然界的动物表达着生活中的情感与趣味。

2.威严、智慧的神人兽

在红山文化器物造型中可以看到组合或嫁接的造型方法，即在一个造型中将多个不同动物部位进行组合或嫁接，也许是因为动物的这些部位有着非凡的能力被先人们认可，从而被创设出来。

图2-8为神人兽像，高15.5厘米，宽6.5厘米，厚2.2厘米，青黄色玉质，脸部双眼且凸出，前圆后尖，头上竖立四个高耸的角状物，上缘为刃边；神兽膝盖弯曲，臀部悬空做半蹲态，双手贴合地放在膝上，头部前倾，鼻吻贴近双手，如沉思状。此造型神秘、诡谲，其头部伸张的犄角、外张的耳朵与突出的眼睛，给人以威严震慑之感；而下蹲的腿部与闭合的手部却产生一种自信与闲适，在原始崇拜与敬仰之中，严厉与宽容并存。

图2-6 龟（收藏于震旦博物馆）

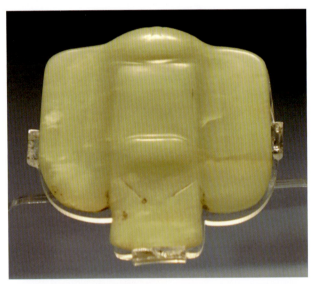

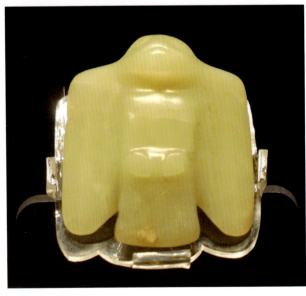

图2-7 鸮（收藏于天津博物馆）

图2-9也是神人兽像，四肢张开，掌部、肘部、下肢、脚、臀部、胸部等部位均有装饰，显得非常有力，好像一个巨人勇敢、自信地迈步前行。

目前还不知这些神人兽像具体代表着什么，如同C形龙，但组合或嫁接进行创造的方法呈现出人们的思维从简单模拟向优选、组合思维的转化，作品在现实世界没有对应，创造的结果让人觉得神秘、新奇。这两种神人兽像的造型健硕、严峻，线条朴实、简练，传达着有力量又有智慧之人所具有的形象。

3.高贵、质朴的玉猪龙

图2-10为玉猪龙，型卷如玦，首尾相对不相连；龙首琢出耳、眼、鼻等细部特征，肥首大耳（似猪），双目圆睁，正视前方，面部阴刻褶皱，吻部微突，并有两对獠牙外露；双耳呈弧状竖立高耸，龙体圆润，光素无纹，体中心有大圆孔。器物质地纯润，古朴浑厚，雕琢精细，是红山文化的代表性玉器。据考古分析，它是权力、身份、地位的象征。如此质朴的创设表达着高贵的地位，红山人以智慧舒缓着现实中的冲突。

图2-11、图2-12中的石雕不是玉猪龙，却有红山文化的风格，突出的胸部和肥硕的臀部，与女性的身体进行了组合，显示出原始人通过动物表达母性崇拜与生殖崇拜。质朴和纯真是原始社会时期艺术品所表现出的特征，是当下人们可以享受的内容与形式，他们从自然界中获得的某些理解、把握和表现，成为后人创作的借鉴。

图2-8 神人兽像（收藏于震旦博物馆）

图2-9 多纹饰神人兽像（收藏于震旦博物馆）

图2-10 玉猪龙（①、②收藏于震旦博物馆，③收藏于天津博物馆，④收藏于内蒙古巴林左旗博物馆，张瑞霞摄）

图2-11 石雕（收藏于汉东博物馆）

图2-12 石雕（收藏于汉东博物馆）

16 博物馆里的中国设计与风格

三、明快、华丽的勾云形纹

图2-13为红山勾云形玉佩,其造型为片状的横长条形,无纹饰,外四角呈圆形卷钩,卷钩中部凹进,长形四隅边凸角处为外弧状;中间厚,边缘薄似刃,器身向外伸出的部位均镂雕出卷曲的弯钩,器形中部有卷钩,多数器物至少有一侧表面刻有浅凹槽,并且走向与器体结构一致。勾云玉佩造型浑厚、舒展,颜色古朴、遒劲,勾云形纹样将云彩高度抽象概括,呈现出大气、简约、质朴、明快、华丽的气质,是红山文化的经典之作。

图2-13 勾云形玉佩(①收藏于震旦博物馆,②、④、⑤收藏于天津博物馆,③收藏于赤峰博物馆,⑥收藏于首都博物馆)

图2-14的彩陶上饰有勾云形纹样,在黑色或红色的彩陶上,从一条线出发,以点定位,采用等距的方式,以勾云为基本形进行各种变化,或呈现多层次的勾云形,或彼此勾连又引申出另一个勾云纹。与勾云形玉佩不同,它只有线的粗细变化,而无厚薄之别,是一个平面的构成方式,既可以是二方连续,又可以是四方连续,变化无穷,让人感觉明快、清新、玲珑、天真,华丽无比。

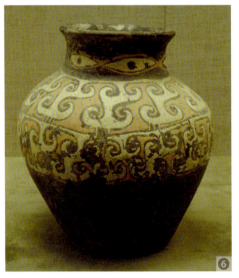

图2-14 勾云形装饰彩陶(①、⑥、⑦收藏于内蒙古博物院,②、③、④收藏于敖汉史前文化博物馆,⑤收藏于中国社会科学院考古研究所)

18 博物馆里的中国设计与风格

四、豪放、平和的红山彩陶

红山彩陶多为红地黑彩，黑地红彩、黄彩。有两类主要的装饰纹样，一类是勾云纹，另一类是几何形与动物相组合的纹样。

图2-15、图2-16的彩陶上将植物与动物进行组合，通过一条条叶脉纹、芦苇线、连续弧线或条状加堆纹等形成背景，能看到一群群大雁、一只只小鸟徜徉在芦苇丛中、草丛里。疏朗排列的线条似屏障，似家园，使展翅欲飞的小鸟能伸长脖颈，翘首以盼。先人以平和、朴实的手笔，描绘了一幅亲情浓郁，闲雅舒适的状态，呈现出一派清新、豪放、平和的景象。

五、质朴、肃穆的斜口器

在红山文化的器型中，除了各个文化都有的盆、盘、碗、杯、罐、豆、勺、钵、壶、瓮等外，还有无底筒形器、无底体形器、无底瓶形器、双腹彩陶盆、镂空器盖等。以斜口器（图2-17）为例，斜口器，也称马蹄形玉箍，内外磨光，或长筒形，或从一个开口向另一个开口持续向外扩展，两端大小不一，小口面略有内弯，大口端斜口外敞。不能确定其用途，出土时有一些放置在人头下方垫着头部。于是，有人推测是保留火种的，有人推测其具有通达之用。今天仅以造型语言进行解读，通透乃至向外延展，是为了更通畅地交流的目的。斜口器器形简约、质朴、肃穆、自信。

图2-15 植物与动物的组合 　　图2-16 植物与动物的组合（收藏于敖汉史前文化博物馆）
（收藏于内蒙古考古研究所，张瑞霞摄）

图2-17 斜口器（①收藏于中国社会科学院考古研究所，②收藏于内蒙古敖汉旗博物馆，张瑞霞摄，③收藏于敖汉史前文化博物馆）

第三章

良渚诸文化风格与设计
——渚风玄朴

幽玄　秀丽　雄奇　稚萌

"水光潋滟晴方好，山色空濛雨亦奇。欲把西湖比西子，淡妆浓抹总相宜。"一首流传千古的诗，描述着西湖迷人的景致。

四千多年以前，这里是良渚文化时期，长江中下游及周边的湖泊为人们的往来提供了便利，河姆渡文化考古出土的船，曾荡漾在这里的江湖上。沿着长江考古学文化，可看到与良渚文化有着千丝万缕联系的诸多文化：巢湖凌家滩文化（公元前3600年～前3300年）、长江中游的石家河文化（公元前2600年～前2000年）及钱塘江两岸的诸多文化。钱塘江两岸有跨湖桥文化（公元前6000年～前5000年）、河姆渡文化（公元前5000年～前3200年）、马家浜文化（公元前5000年～前4000年）、崧泽文化（公元前3800～前3300年）等。

良渚文化（公元前3200～前2200年）时期的良渚，是一个区域性的国家权力与信仰中心。这里有规模宏大的古城、功能复杂的水利系统、分等级的墓葬、祭坛及一系列与信仰、制度相关的玉器。

良渚有长达5千米的大型防护土垣，由草裹泥堆筑而成；有东西长670米，南北宽450米，高10米的土台，彰显出良渚人的工程能力与组织能力。良渚人汇集了长江中下游地区野生稻驯化的成果，可以开展大规模的犁耕水稻。

良渚出土了大量的琮、钺、璧、璜等玉器，比良渚晚1000年～2000年的周朝用器物、文字等证实了其用途与意义。在《周礼·春官·大宗伯》中有："以玉作六器，以礼天地四方。以苍璧礼天，以黄琮礼地；以青圭礼东方，以赤璋礼南方，以白琥礼西方，以玄璜礼北方"。良渚人所创造的玉器显示出祖先对礼仪制度的探索在周代之前就已有近2000年的历史。

良渚玉器显示出了国家的信仰与制度，彰显着社会的权力结构（图3-1、图3-2）。几乎所有的器物上都有"神人兽面纹"，也被称为"天帝骑猪巡天图"，这应是良渚人的神徽或图腾。玉器有环、镯、梳背、带钩、匕、勺、纺轮、三叉形器、锥形器、柱形器、半圆形器、月牙形器、圆牌、柄形器、条形饰、半瓣形饰、管、珠、坠、串饰等四十余种生活用品。女性以璜、纺轮为主，男性以钺、三叉形器、成组锥形器、冠状器为主。良渚人以玉器的形态与多寡来显现着身份、权力与财富。琮是神权的代表，钺是军权的代表，璧是财富的代表，呈现了一个等级分明、分工明确、有统一信仰的文明。

良渚玉器的加工与琢纹方法很多，有浅浮雕、透雕、阴刻线等，具有切割、抛光、琢刻、钻孔等制作工艺，矿物学研究显示，良渚玉器最主要的原料是透闪石、阳起石系列软玉，几乎都以不透明的白色或黄白色为外观特征，即俗称的"鸡骨白"或"象牙黄"。半透明的淡湖绿色或青绿色玉器也比较多。

良渚玉器的造型与纹饰丰富，幽玄、秀丽、雄奇、稚萌的良渚诸文化风格透着玄朴之感。

图3-1 神像纹琮（收藏于上海博物馆）

图3-2 兽面纹柱形器
（收藏于杭州市余杭博物馆）

一、幽玄、威严的神人和鸟兽饰件

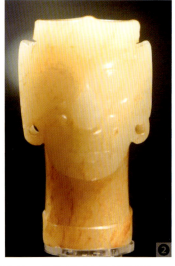

图3-3　神人首像（①收藏于震旦博物馆，②收藏于上海博物馆）

图3-4　玉鹰（收藏于安徽博物院）

图3-5　人鸟兽饰件（收藏于南京博物院）　　图3-6　人形饰件（收藏于南京博物院）

浙江省、江苏省、湖北省、安徽省一带，一直是江河纵横，湖泊充盈，雨量充沛。考古发现，人们在河姆渡文化时期已开始使用由树木制成的舟船，有了通过江、湖远距离交流、往来的方式。良渚文化从风格来看，凝聚了长江中下游及周边湖泊的诸多文化因素。

远古文化之间的交流与融合远没有我们想像的那么遥不可及，图3-3～图3-7均为长江中下游地区的神人、鸟兽饰件，从出土的位置来看，它们相隔三四百千米以上，但从文化风格来看，是有交流与传承性的。

图3-3的神人首像与图3-7①的神人像，为长江中游石家河文化。图3-4的玉鹰，图3-7的②与③为长江中下游巢湖的凌家滩文化神人像。玉鹰首侧向傲视，健美的双翅伸展着，双翼作猪首形，胸部饰以八角星纹，似象征着太阳，好像鹰以双翼托着两只猪奉献给太阳神。图3-5的人鸟兽饰件、图3-6的人形饰件为良渚文化。这些器物造型线条相似，工艺精湛，雕刻精细。

神人首像、神人像头上都有圆冠，冠有尖顶；面部浓眉大眼，表情笃定、威严、肃穆。两耳饰有环孔，图3-7的②、③腰间系一条斜纹装饰腰带，身形稳重、舒展、协调；两臂上有环饰，其肢体动作与后世表达崇敬、真诚的方式一样。所有器物的风格在今日江南依然能看到其影子，有着幽玄、秀丽、威严、雄劲等特质。

图 3-7　神人像（①收藏于震旦博物馆，②、③收藏于安徽博物院）

二、雄壮、深沉的神人兽面像

良渚文化时期，人们有统一的信仰，在他们使用的器物中，有一致认同的、不分性别的装饰性主题（也被称为母题），这就是神人兽面像（图 3-8）。这是良渚人创造出来的纹样，或者称为图腾、神徽。在众多良渚文物中可以清晰地、明确地看到，无论是在玉琮、玉钺、玉锥形饰、玉三叉形饰、玉冠饰、玉半圆饰、玉璜等礼器中，还是在玉环、玉镯、玉管、玉牌饰等日常饰物中；也见于其他材质，如象牙器、漆器、陶器等上。这一主题无处不在，且有从母题出发的多种变化样式。

人们称它为"神人兽面像"或"天帝骑猪巡天图"，这是组合纹样，由神人纹和兽面纹组成。图 3-9②、③为线描图，上部是神人纹，似人格化的神。神人头戴宽大羽冠，冠上羽毛呈放射状排列，脸面呈倒梯形，双眼有小眼角，鼻子以刻画长条形的鼻翼为特征，大口，露方形齿，双臂平端，肘部下弯，双手五指平伸插于兽面眼眶两侧（有的省略了手腕部分）。下部是兽面纹，由多圈圆眼构成，内圈呈圆形，外圈为椭圆形；两眼之间有隆起的方块，似为鼻梁，宽鼻阔口，阔嘴内的牙齿可分为有獠

图 3-8　神人兽面像（①、②收藏于浙江省文物考古研究所，③收藏于浙江省博物馆）

牙和无獠牙两种。在兽口两侧有极度弯曲的双腿，双足呈爪状相对，爪甲尖利弯曲。整个纹饰把神人和兽面两种形象有机地组合起来，形成逼人的气势，彰显出雄壮、深沉与庄严。

神人兽面像对称的造型在视觉上给人以庄重、安定、整齐、典雅、协调的美感，其纤若游丝的浅浮雕，具有微刻工艺技术，水准高超；整体工整细致，螺旋纹转折处浑圆流畅、均匀、有条不紊、构图严谨舒展，显得雄壮、深沉。在此造型之上，人们进行简化与组合，图3-9①为简化图，图3-9③、④是与鸟的组合。

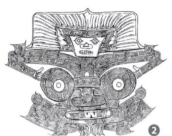

图3-9　神人兽面纹（①收藏于南京博物院，②、③来源于网络，④收藏于良渚博物院）

三、挺拔、端庄的琮

琮为立柱体（图3-10），上下连通，外方内圆，外壁雕刻着神像图案，并呈现出多节状态，少则一节，多则十五节。从其体量与造型来分析，内圆外方的形态与华夏人天圆地方的宇宙观一致。在琮的表面，一般雕刻着类似神人兽面像的纹样，上部的人脸与下部的兽脸已简化，但组合得非常完美。作为礼神之器，琮成为人与神灵交流的媒介，神人兽面纹也被看作是良渚古代部族的图腾。兽面表达强悍威猛，神人表达雄壮与威严，琮的整体造型呈现出挺拔、稳重、雄浑、端庄的风格。

图3-10　玉琮（①收藏于上海博物馆，②收藏于安徽博物院，③收藏于苏州博物馆）

四、厚重、雄浑的钺

钺（图3-11、图3-12），被认为是古代军权和王法的象征。钺好似由带柄穿孔的石斧生产工具发展而来，是力量的象征。后来变成制作精致、没有实用价值的礼器。到了商代，石钺、玉钺被青铜钺替代，《史记·殷本纪》记载："汤自把钺，以伐昆吾，遂伐桀"；"（商王）赐（文王）弓矢、斧钺，使得征伐，为西伯"。

钺的器形呈扁平"风"字形，两面微弧，中间偏上有一圆孔，双面管钻，内呈明显台痕，两侧斜直有明显转折，下部外撇，底部呈圆弧形。顶窄刃宽，刃部圆弧有双角，无锋口，两侧边缘略呈内弧，弧度对称。

钺为力量的象征，先人用精湛的工艺，坚润的材质，光莹的色泽，古朴、端庄的造型等进行了塑造，在深沉、庄严、厚重中彰显着宏大与雄浑。

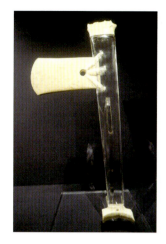

图3-11 玉钺杖
（收藏于上海博物馆）

图3-12 钺（收藏于浙江省文物考古研究所）

五、深沉、阳刚的龙首纹

图3-13为龙纹管，外壁以浅浮雕和阴线刻相结合的方式进行雕琢，图3-13①为一节龙首纹图案，图3-13②有两节半顺次排列的龙首纹图案。图3-14为龙首璜形饰，龙首分别由两对犄角、凸眼及一个扁嘴组成。图3-15为龙首圆牌，其圆牌外缘和两面以浅浮雕和阴线刻相结合的方式雕琢出顺向的三幅龙首纹。图3-16为龙首镯，环镯面四周以浅浮雕和阴线刻相结合的方式雕琢出龙首纹，其特征为犄角、凸眼、扁嘴，显示了龙首纹的深沉、庄严、稳重、阳刚。

图3-13 龙纹管（①收藏于浙江省文物考古研究所，②收藏于良渚博物院）

图 3-14 龙首璜形饰（收藏于浙江省文物考古研究所）

图 3-15 龙首圆牌
（收藏于良渚博物院）

图 3-16 龙首镯
（收藏于良渚博物院）

良渚文化中的纹饰，除兽面纹、神人兽面纹、神人纹、龙首纹外，还有与之相结合的鸟纹、几何纹等。在构图上神人兽面纹常常居于中心地位，配以鸟纹和龙首纹。这些纹饰以线条的运用为主，其雕刻线条纤细如发丝，最精绝一处竟然在一毫米的宽度内刻出了四五条线来，雕刻工艺精湛。他们用线条的组合来塑造形象，用线条的变化来丰富创造。其线形有直线、曲线、折线、弧线等，通过不同线形的疏密、长短、粗细等变化，构成了流畅、舒展、细密、匀布的卷曲线、弧线、圆圈线、波曲线等，使之具有层次感，装饰性强。这些流动、变化、流畅的线条，有着强烈的表现力和情感意味，器物上具有统一的纹饰，形成了一种文化上的认同感与归属感。

图 3-17 为河姆渡文化的双鸟朝阳牙雕（也称为象牙蝶形器）。器物上雕刻着昂首相望的两只鸟和一轮光芒四射的红日，熊熊燃烧的太阳与鸟儿的组合，展现着人们向往太阳，向往光明的愿望。展翅向天空飞翔的鸟儿，呈现出威猛的力量，似乎成为人们沟通神灵的使者。构图用细线刻划，外加一些短斜线或者弧线装饰，在温婉、细致、秀气之中，呈现出安静、内敛、神往的状态。

图 3-17 双鸟朝阳牙雕（收藏于浙江省博物馆）

六、清爽、优雅的锥形器和冠状器

图 3-18 为锥形器，图 3-19 为三叉形器，器物及纹饰体式修长，体现了向上升腾飞跃的愿望和情感倾向。图 3-20 为玉琮，图 3-21 为冠状器，其上装饰有神人兽面纹、龙首纹等。冠状器是良渚先民头部的饰物，不分男女，物品呈现出细腻、精巧、精良的生活方式，透着清爽、轻盈、优雅与古典。

同样主题，不同器物造型，人们用了不同的方式处理，即使在今天佩带着先民所创造的器物行走在西湖、太湖边，也会非常协调。

图 3-18 锥形器（①收藏于杭州市余杭博物馆，
②收藏于浙江省文物考古研究所）

图3-19 三叉形器（收藏于良渚博物院）

图3-20 玉琮（收藏于上海博物馆）

图3-22 黑陶双鼻壶
（收藏于中国国家博物馆）

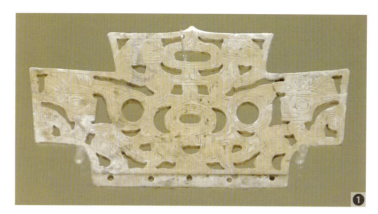

图3-21 冠状器（①收藏于浙江省博物馆，②来源于网络，
③收藏于浙江省文物考古研究所，④收藏于良渚博物院）

第三章 良渚诸文化风格与设计——渚风玄朴

七、幽玄、秀丽的黑陶

良渚文化时期器形繁多,有陶鼎、陶豆、双鼻壶、圈足罐、圈足盘、宽把带流杯、黑皮陶鬶、黑陶三实足盉、陶簋等,涉及饮食盛器、酒器、炊器等生活用器。器型端正、规整、对称,轮廓弧线浑圆、流畅,器形匀薄精巧、修长挺拔。

图3-22、图3-23为良渚文化器物,图3-24是云南新石器时期的器物,虽远隔千山万水,却好似亲兄弟一样,似乎与山东一带的大汶口文化、龙山文化也有交流。图3-25为黑陶鬶,在长江中下游一带都有此器型,它应用仿生形态,细细的脖颈,肥硕的腹部,宽把就像是高高翘起的尾巴,看上去很像鸟兽的样子。图3-26为黑陶豆,其柄的下端扩展成外撇喇叭形,使器物整体造型端庄秀丽。

图3-24 黑陶壶(收藏于云南省博物馆)

图3-23 黑陶高柄盖罐(收藏于上海博物馆)

图3-26 黑陶杯(收藏于浙江省博物馆)

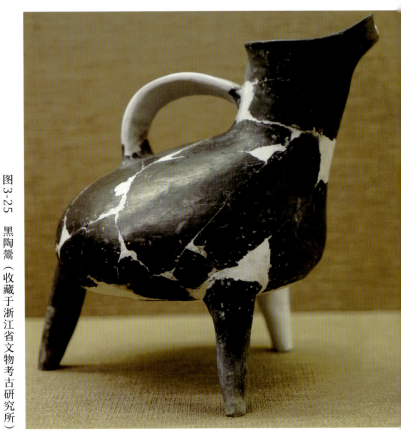

图3-25 黑陶鬶(收藏于浙江省文物考古研究所)

良渚陶器在材质上，以泥质灰陶、夹细砂的灰黑陶、泥质灰胎黑皮陶和夹砂红褐陶等为主。早期以泥质灰陶居多，晚期则以泥质灰胎黑皮陶最为盛行。常见器表被打磨成光亮的黑皮陶，其纹饰如图3-27、图3-28所示。与琮、璜等一样，有神人兽面纹、神人纹、兽面纹、鸟纹等，还有螺旋蛇身纹、网格纹、鸟首蛇身纹，以图3-28为例，其满身的凸棱纹及圈纹，用短斜线纹组成棱形底纹，底部凸棱纹及圈纹之间刻划有三个侧面变体神兽纹。如此制作出的陶器，无论是身形的幽逸，刻纹的灵动，还是加工工艺的幽深，其乌黑发亮的外观效果，精细的细条纹路，让人们感受到幽玄、凝重、坚硬、冷穆的气息，充满神秘之感。

八、稚朴、醇厚的动物

在良渚文化的陶制品中，有一类充满萌感的器物（图3-29～图3-33），尽管是兽面纹、野猪纹，却显得稚朴、醇厚。图3-29、图3-31是河姆渡文化时期的，图3-32、图3-33是良渚文化时期的，这些器物的造型或朴厚，或浑圆。图3-32的陶杯似昂首骄傲的小鸟，充满了童真稚气。

图3-27　黑陶豆（收藏于浙江省文物考古研究所）

图3-28　刻鸟纹陶片
（收藏于浙江省文物考古研究所）

图3-29　五叶纹陶块（收藏于浙江省博物馆）

第三章　良渚诸文化风格与设计——渚风玄朴

图3-30 陶方形四足盂形器
（收藏于浙江省博物馆）

图3-31 猪纹陶钵（收藏于浙江省博物馆）

图3-32 陶杯（收藏于浙江省博物馆）

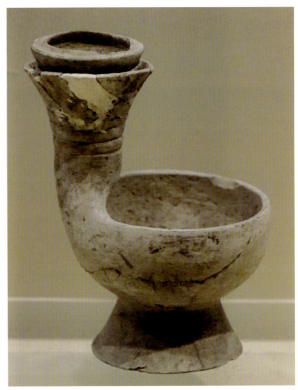

图3-33 澄滤器（收藏于浙江省博物馆）

图3-34为镯式琮，图3-35为三叉形器，这是威武的权力象征。那随意、稚拙的螺旋线所呈现的兽面纹，饱满的杏仁形眼睛，扁圆凸出的嘴唇，表达着热烈的、明朗的爱。图3-36～图3-39等器物，造型圆润、线条柔和、简洁、轻巧，蕴含了结构的稳定与张力，显示着先人生存上的醇厚、温润与安宁。

图3-34 镯式琮（收藏于浙江省文物考古研究所）

图3-35 三叉形器（收藏于浙江省博物馆）

图3-36 江豚（收藏于南京博物院）

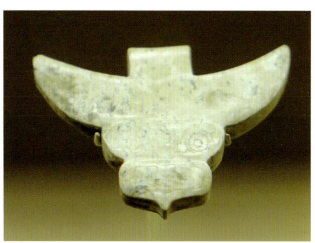

图3-37 鸟（收藏于良渚博物院）

图3-38 龟（收藏于杭州市余杭博物馆）

图3-39 鱼（收藏于浙江省文物考古研究所）

第三章 良渚诸文化风格与设计——渚风玄朴

第四章

仰韶诸文化风格与设计
——韶风瑰琦

沉静　疏朗　瑰丽　壮阔

人们在河南省、陕西省、山西省、甘肃省、青海省、山东省等地区发现了大量的史前彩陶，因其首次发现于河南省的仰韶村，故而被命名为仰韶文化。仰韶文化早期在中原一带，以素面陶为主，逐步发展出动物、植物等纹样，这些纹样沉静、疏朗。仰韶文化的中后期，向西发展，甘青地区最为丰富，是彩陶文化的鼎盛时期。

仰韶文化所涉及的区域主要在黄河流域。

黄河流域上游的文化有：大地湾文化（公元前6000年～前5000年）、仰韶文化（公元前5000年～前3000年）、马家窑文化石岭下类型（公元前3300年～前3100年）、马家窑文化（公元前3100年～前2700年）、半山类型（公元前2700年～前2300年）、马厂类型（公元前2300年～前2000年）、齐家文化（公元前2000年～前1500年）。

黄河流域中游的文化有：裴李岗文化（公元前6000年～前5200年）、仰韶文化（公元前5000年～前3000年）、龙山文化（庙底沟和客省庄）（公元前3000年～前2070年）。

黄河流域下游的文化有：后李文化（公元前6500年～前5500年）、北辛文化（公元前5300年～前4300年）、大汶口文化（公元前4300年～前2400年）、龙山文化（公元前2800年～前2000年）。

公元前二三千年时，红山文化、良渚文化逐渐衰弱，而以中原为主的仰韶文化开始崛起。与历史上传说的黄帝、炎帝部落的崛起时间基本一致。黄帝征战四方，与蚩尤等部落之间的战争以黄帝的最终胜利结束，形成了尧、舜、禹之间的传承关系，奠定了以中原为核心的华夏文化多元一体的进程。众多优秀文化，如仰韶文化、红山文化、良渚文化等最终都汇集到了中华文化的洪流之中。

仰韶文化时期，黄河中上游的黄土高原及其周边地区，气候温暖、湿润，森林、草原植被茂盛，是我国原始农业迅猛发展的时期。仰韶先民的生活方式以农业为主，兼行渔猎，一般选择在河谷地带定居，并建立起一定规模的聚落。考古出土的器物以日常生活必需品为主，有盆、盘、碗、杯、罐、豆、勺、钵、壶、瓶、瓮等，其造型朴实、沉静，装饰瑰丽、疏朗，用色鲜明，形成了瑰琦的仰韶风格。

一、瑰琦、聪慧的圣人造物

盘古、伏羲、女娲、燧人、祝融、神农（炎帝）、蚩尤、黄帝（轩辕）、嫘祖、少昊、颛顼、帝喾、唐尧、虞舜等，每一位都是上古传说之中的主角。

这是圣人造物的时代，有盘古开天辟地，女娲造人与补天，燧人钻木取火以煮食，伏羲发明渔网以捕鱼，神农亲尝百草以治病并教人农耕，黄帝、尧、舜"垂衣裳而天下治"。这些传说或神话构建了以中原为核心的上古社会的形成与发展。

彩陶文化中的器物多为日常生活中的实用器物。陶器产生之始，其表面装饰多为制作过程中在陶器表面留下来的印痕，如绳纹、弦纹、锥刺纹、线纹等。在发展的过程中逐渐产生了捏塑、堆塑、贴塑、雕刻、镶嵌、镂空等塑造工艺。人类在认识了颜色的使用方法之后，在陶器的表面或器体中进行了矿物颜料色彩技术的探索（图4-1）。泥土与颜色混合制成的陶器，其器体为彩色陶器，还有在彩陶上施以彩绘图案的彩绘陶。彩绘彩陶经烧制后彩色不易剥落，与未施彩的陶器表面构成了色差，从而形成了花纹，彩陶彩绘工艺由此发明。

图4-1　人头形器口彩陶瓶（收藏于甘肃省博物馆）

图4-2　鹳鱼石斧陶缸（收藏于中国国家博物馆）

图4-3　鹿纹陶盆（收藏于西安半坡博物馆）

无论是陶器的造型还是装饰，其题材主要有人物、动物、植物、山水等内容。彩陶彩绘的代表性图案有鱼纹、人面鱼纹、鸟纹、鹿纹、蛙纹、蟾纹、蜥蜴纹、花瓣纹、叶片纹、弧边几何图形、水波纹、漩涡纹、锯齿纹、同心圆纹、网格纹、菱形纹、平等线纹、直边几何纹等。

从彩陶的造型及纹样发展来看，先民对所生活的环境有着细致的观察与热爱，彩陶的颜色呈现出人们恬淡的内心，动感的纹样彰显了人们热烈的情感，丰富的创造力反映了人们享受大自然、欣赏大自然，与大自然和谐相处的生活方式。

二、清新、淳朴的动物

图4-2为鹳鱼石斧陶缸，出土于河南临汝阎村，高47厘米、口径32.7厘米、底径19.5厘米。器呈敞口、圆唇、深腹、平底，口沿下有四个对称的鼻钮。其左侧画有一只身体椭圆、圆眸、嘴长而直、昂首挺立、体微后倾的鹳鸟，其嘴下叼悬着一条大鱼；右侧画有一个捆绑着石斧的立棒。其造型简练、朴实，表达了先民创造时开朗、淳朴、宁静的状态。

图4-3为鹿纹陶盆，出土于陕西西安的半坡遗址。四个呈环状奔跑的小鹿，寥寥数笔，将鹿的机敏、灵秀、活泼、温婉呈现了出来。

人们对动物从猎狩到圈养，从追逐到相伴相生，这是人类对周遭环境的认识，无论是型塑出的动物造型（图4-4、图4-5），还是以绘画方式呈现出的动物造型，都是人们在认识自然环境之后对与自己一起相伴随的动物所具有的情感与审美。这些动物造型或质朴健硕，或威武刚健。

图4-4　红陶兽形壶（收藏于山东博物馆）

图4-5　鹰形陶鼎（收藏于中国国家博物馆）

三、欢腾的鱼儿

1.沉静、甜美的人面鱼纹

图4-6为人面鱼纹盆,这是半坡人的创造。彩绘多为黑色,纹样由三部分构成,上部额角多为左右两半相对应,中部由T形线构成鼻子,两条平列短线对应构成眼,下部两颌为张口之状,其上有两个相对的三角形鱼纹,线条简练而流畅,造型简单朴素,呈现出一副享受鱼之美味时宁静、甜美的状态。被装饰人面鱼纹的这类器物一般是儿童瓮葬用盖,器物中部的孔被认为是儿童灵魂的出口。由此可知,先民在灵魂出口周围用人面鱼纹装饰,呈现出满满的爱心来护佑孩童。

2.灵动、舒展的鱼纹

鱼纹为半坡人创造的另一个典型代表作,一般表现为鱼的侧视形象。在图4-7中,可以看到单体鱼纹(图4-7①和②)、双体鱼纹(图4-7③)、变体鱼纹(图4-7④),直至简化成三角形(图4-7⑤)和单线条组成的鱼纹(图4-7⑥)图案。这是从写实到抽象的逐渐演变,线条率直,轮廓清晰,造型简洁,形态生动,一系列的鱼纹让我们既体验到古人创造性思维的发展,又感受到鱼与古人之间密切的关系。

图4-6 人面鱼纹盆(①收藏于中国国家博物馆,②收藏于陕西历史博物馆,③收藏于西安半坡博物馆)

图4-7 鱼纹(①收藏于西安半坡博物馆,②收藏于中国国家博物馆,③收藏于西安半坡博物馆,④收藏于郑州博物馆,⑤收藏于西安半坡博物馆,⑥收藏于郑州博物馆)

居住在浐河边上的半坡人并不知道鱼有着怎样的营养价值，但他们一定与今天的人一样，品尝了鱼的鲜美，如图4-2 鹳鱼石斧缸的纹样一样，人们捕捉鱼作为食物。无论是烧烤还是炖煮，原始人在部落中分享了鱼的美味。

面对河中的鱼儿，人们看到鱼自由地游动，其光滑、圆润、匀称的外表，宁静、优雅、灵动、舒展的身姿，旺盛的繁殖能力，都会引起人类的好奇心。人们做不到像鱼儿一样生活，却可以用绘画的方式表达心中的思考，通过绘画技术的探索，人们将心里的愿望表达了出来，组合人面与鱼的纹样、单一的鱼纹纹样被创造了出来。

作为食器的鱼纹往往在盆的外面，而作为葬具的盆内外都有人面鱼纹。无论是活着的部落中人，还是逝去的人，在那个"共产时代"，这些陶用具成为人们情感的载体，彼此关爱，享受食物，努力生长。在彩陶上绘制的鱼纹反映了当时人们的情感价值、审美价值。

3. 稚朴、活泼的抽象鱼纹

图4-8～图4-10为陕西省临潼姜寨的彩陶器物，其纹样采用抽象方法表现出了变异的鱼纹。这是从鱼头的前端去观察鱼，仿佛可以与鱼儿对话似的，出现了以鱼眼、鱼嘴为主要特征的构图，纹样简洁、自由，显示出稚朴与活泼的呆萌感。

图4-8 鱼纹葫芦瓶
（收藏于陕西历史博物馆）

图4-9 双鱼纹尖底罐
（收藏于陕西历史博物馆）

图4-10 双鱼纹瓶
（收藏于陕西历史博物馆）

四、淳朴、多变的兽面纹

图4-11中的器物统称为兽面纹细颈壶，壶上有着与抽象鱼纹相同的装饰手法，抽象化的符号，似眼睛、似额头、似月亮、似太阳、似兽；或激昂，或呆萌；或可亲，或可憎；或真挚，或假意；简简单单的一些几何纹与曲线的组合，将鱼纹、兽面纹从具象到抽象，跨越四千多年，集淳朴与多变于一体。

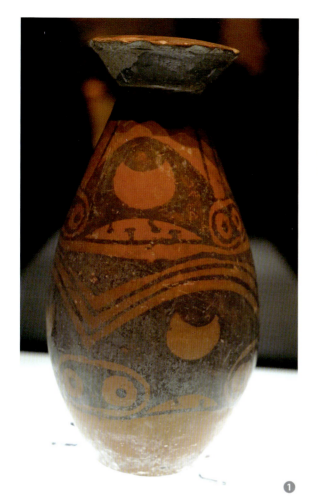

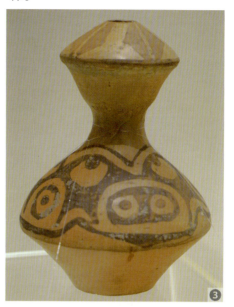

图4-11　兽面纹细颈壶（①、②收藏于陕西历史博物馆，③、④收藏于甘肃省博物馆）

五、柔和、秀美的花瓣纹

仰韶文化时期气候温润，植被茂盛，处处有鲜花、芦苇、野草等植物，人们将它们视为生活的一部分，所创造的彩陶花瓣纹及其变形是仰韶文化中庙底沟文化的贡献，纹样用弧边三角形构成花瓣（图4-12、图4-13），纹样遍布整个黄河中下游地区，乃至长江中游地区。色彩主要是红色和黑色，白色、棕色、褐色、紫色也被不同程度地使用。

花形由四至六个花瓣构成，弧边三角形的顶点相交于一个圆点，构成花瓣，在花瓣之间有变化的弧线、斜线。构图均衡、重复、对称，线条朴素、粗犷、单纯，纹样柔和、秀美、舒扬。

图4-12 花瓣纹（①收藏于陕西历史博物馆，②收藏于南京博物院）

图4-13 花瓣纹
（①、②收藏于山西博物院，③、④收藏于郑州博物馆）

六、清丽、俊逸的枝条与花朵

图4-14采用写实的方法,将枝条、羽毛摇曳的状态呈现了出来。花朵或简略为点,以回旋勾连线、枝条线等构架。山东地区大汶口文化的彩陶中花朵简化为几何形(图4-14⑤、⑥),构图端正、概括,线条流畅,纹样清丽、俊逸、疏朗。

图4-14 枝条与花朵(①收藏于甘肃省博物馆,②收藏于河南博物院,③收藏于故宫博物院,④收藏于重庆中国三峡博物馆,⑤、⑥收藏于山东博物馆)

七、绚烂、壮丽的漩涡纹

仰韶文化时期，生活在黄河边上丹霞地貌区域的人们，面对着瑰丽、壮阔的山水，他们创造了富有动感与生命力的漩涡纹、水波纹、同心圆纹、网格纹、蛙纹、锯齿纹、菱形纹等，造型图案浑然一体，线条流畅，繁丽精致，色彩绚烂。

旋涡纹也称为漩纹，一般以四个点为旋涡的中心展开（图4-15），涡心中空或为点圆，向外旋转，黑色条带与红色条带相间，通过连续而又流畅的线条渐变、延展，覆盖在陶器的上部或内部（图4-16、图4-17）。其构图大多繁缛、细腻、精致，呈现出一派浪花翻卷、岩层叠荡、浓墨重彩、变幻无穷的气势。漩涡纹构筑出了绚烂、壮丽、优美、热烈的画面。

漩涡纹还与同心圆纹、网格纹、锯齿纹等组合（图4-17），采用匀称、流畅的线条，红、黑相间的色彩，将热烈、舒扬与宁静、典雅呈现出来。

图4-15　漩涡纹（来源于甘肃省博物馆）

图4-16　漩涡纹（收藏于甘肃省博物馆）

图 4-17 漩涡纹变化及组合（收藏于甘肃省博物馆）

八、健硕、粗豪的太阳纹

在红色陶体上,以黑彩绘画,主要由四大圆圈纹为主,圆圈内有网格纹、十字纹等(图4-18),构图简洁、规整、凝重、稳定,好似太阳产生的千变万化的光芒,粗黑、浑朴线条的构图,显示出太阳纹的雄壮、健硕、威武、刚健。

图4-18 太阳纹(①~⑤收藏于甘肃省博物馆,⑥、⑦收藏于古陶文明博物馆)

九、雄壮、粗豪的神人纹

神人纹也称为蛙纹。图4-19鲵鱼纹双耳彩陶瓶为仰韶文化石岭下类型（距今约5200年前），甘肃甘谷县西坪出土，高38.4厘米，口径7厘米，底径12厘米。小口、长颈、平底。腹上部有双耳，瓶腹绘有黑色人首鲵鱼图案，一双短臂向外伸出，全身为斜格纹，尾部弯曲。从图4-19逐渐演变为以大圆圈（图4-20）为代表，圆圈内填各种纹饰，上下肢向上折曲，肢端有数目不等的指爪。有的没有头部与身体，四肢简化为肢爪纹、三角折带纹。据分析，这是从青蛙和蝌蚪，无限循环而永恒获得的灵感，意味着旺盛的繁殖能力，图案显示着雄壮、健硕、威武、刚健、粗豪之美。

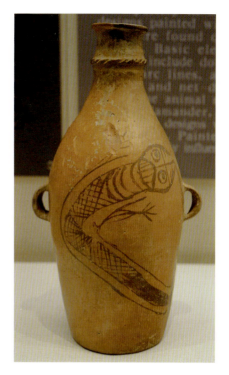

图4-19 鲵鱼纹双耳彩陶瓶
（收藏于甘肃省博物馆）

图4-20 神人纹（收藏于甘肃省博物馆）

第四章 仰韶诸文化风格与设计——韶风瑰琦

十、绚丽、浑朴的垂幛纹

图4-21为垂幛纹,它以连续的、多层的、向下弯曲的波纹线或锯齿线构成,变化多端,通过垂弧线、直线、环带、锯齿线、网格纹、圆点、凹边三角、平行线等基本线条与纹样进行变换组合而成。多以黑色锯齿带和红色条带镶嵌构成连续图案,有向下弯曲垂挂的帷幛与侧向弯曲垂挂的帷幛。

垂幛纹线条简洁、凝重、浑朴,颜色绚丽、多彩,给人以健硕、浑厚、刚健、端庄的感觉。垂幛纹是马家窑文化的特色。

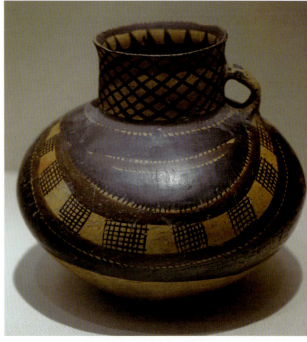

图4-21 垂幛纹(收藏于甘肃省博物馆)

十一、沉静、变幻的几何纹

在仰韶文化彩陶的构造中,几何纹也是主要纹饰之一,如菱形纹、回形纹、圆形、椭圆纹、三角纹等,其构图抽象、整齐、粗犷,线条流畅、细腻、精致,采用对称、均衡的方法,呈现出沉静、古朴、变幻的特色(图4-22)。

图4-22 几何纹(①~⑤收藏于甘肃省博物馆,⑥收藏于古陶文明博物馆)

第五章

夏代风格与设计
——夏风仙浑

仙秀　静穆　浑然　幽冷　空灵

洪荒时代，西方有"诺亚方舟"的故事，中国有"女娲补天"的故事，地球上各地都遇到过巨大的洪水，人们祈求平安，盼望治水英雄，女娲之后，华夏民族出现了大禹。

大禹治理洪水的方法是疏导，他带领众人开凿了很多条河道，将洪水引入大海。一心治水的大禹，三过家门而不入，赢得了公而忘私的美名，成为勇敢与智慧的英雄。禹去世后，禹的儿子启接管了权力，由此，开启了华夏家天下的传承方式，即开启了公权力通过家族传承的方式，华夏最高权力的传承进入了一家一姓的时代，改变了部落首领禅让的方式。

然而，这个时代还没有发现文字，许多故事是口口相传下来的。这些经过口口相传的故事，呈现了当时人们的愿望与祈盼，代表了这个民族的智慧与财富。这个时代的意义已经被创造了出来，更有效的生产方式与生活方式也被创造了出来。

图5-1　青铜爵（收藏于洛阳博物馆）

图5-2　绿松石龙（仿制，收藏于偃师商城博物馆）

夏代存在的时间大约为公元前2070年～前1600年，历时四百多年。1960年，考古学家在河南洛阳偃师二里头村发现了一处规模宏大的宫殿基址，是迄今为止发现的最早的夏都遗址。二里头遗址存续有龙山文化与夏文化，人们发现了大型青铜冶铸作坊，标志着华夏文明已经进入了青铜时代（图5-1）。

青铜器物的制作先要用泥制作出陶范（即模范），再将融化的青铜溶液倒入陶范之中，青铜溶液冷却之后，去除陶范才可获得青铜器。青铜器制作的成功既呈现出了人们对金属材料的认识，又显现出人们思维方式的变化，开始从直接思维向间接思维转变。

大禹创造了许多物品（图5-2），制定了很多规范。他划分天下疆域，铸造了象征九州的九个鼎，规定了各地进贡的贡品与赋税，创立了用石和钧作为计量工具的赋税制度。为了对"天下"实施有效的管理，设置了军队（钺）、监狱（禹刑）、农事历书（夏小正）；出现了人力和马拉的车辆，"奚仲造车"传为佳话；设立"车正"为主管战车、运输车的制造与使用的官职等。夏人吸收了华夏各地龙山文化时期的创造发明，呈现出仙秀、静穆、浑然、幽冷与空灵的夏代风格。

一、静穆、仙秀的牙璋

图5-3为牙璋，是古人举行祭奠仪式时表达尊敬之意的物品。图5-3⑤是一个人手持牙璋，牙璋被高高举起，有着肃穆、庄严的仪式感，彰显着持璋之人对所敬仰之人、之物、之事的虔诚。长条形的璋，其形颇似现在的刀，冲破着阻碍人们的一切障碍。牙璋由四个部分组成：刃端、璋身、扉牙与柄。刃端有端头，璋身平滑、素洁，扉牙处两侧有对称的、长短不等的扉牙及装饰，牙璋身两面有阴刻的直横线纹，单条刻线粗约0.5毫米，由二三条细线构成一组横刻线，每组之间间隔约1厘米。牙璋线条流畅，塑造出凝重、沉稳的气氛，被礼敬之事应有着恢弘、磅礴之势，古人通过牙璋表达了敬重之心与解决问题的决心。

图 5-3 牙璋（①、②收藏于上海博物馆，③收藏于震旦博物馆，④、⑤收藏于三星堆博物馆）

二、飘逸、灵动的牙璧

图 5-4 为牙璧，是龙山文化时期的典型器物，在圆形的外轮廓上有三个牙，有的牙璧在牙的外轮廓上还有牙。有人认为这些牙是动物的牙，有人认为是方便握住的设计。牙璧向外旋转式的造型，流畅、舒展、简练、精巧，显示了华美的飘逸与灵动。

三、仙秀、灵动的青铜爵

图 5-5 的青铜爵脱胎于陶爵，但金属的质感，与上部两端向外伸展的流、尾彰显着大气与优雅。中部"束腰"，没有纹饰，修长素面体现出了器物的庄重感。下部纤细的三棱状足，给人以俊秀之感。

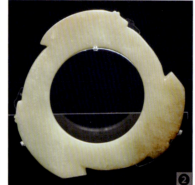

图 5-4 牙璧（①收藏于中国国家博物馆，②收藏于上海博物馆，③收藏于震旦博物馆）

爵在《说文解字》中解释为:"器象爵者,取其鸣节节足足之义。"《宣和博古图》中则言:"爵则又取其雀之象。盖爵之字通于雀。"不论取雀之"鸣"或"象",可见爵与雀之间有紧密的联系。雀有玲珑的身形,纤细的双足,无论步行,还是飞翔,都昂其首,显得自在、舒畅、飘逸,让人喜爱。仿雀设计的青铜爵透着仙秀、灵动的风格。

四、浑然、幽冷的黑陶

黑陶成为夏代与龙山文化时期的主旋律,有人说夏人崇尚黑色,考古确实发现了许多黑陶。这个时期既有二里头文化敦实、饱满的黑陶(图5-6~图5-9),也有山东龙山文化中灵巧、细腻的黑陶(图5-10);既让我们看到了淳朴、刚劲的黑陶,也看到了凝重、秀丽的黑陶。总体来说,黑陶富有浑然、幽冷与空灵之感。

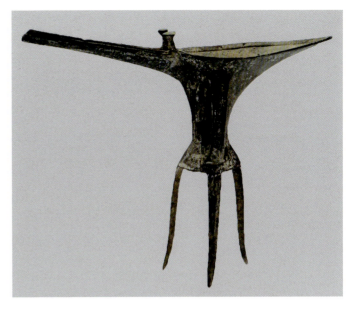

图5-5 青铜爵(收藏于偃师商城博物馆)

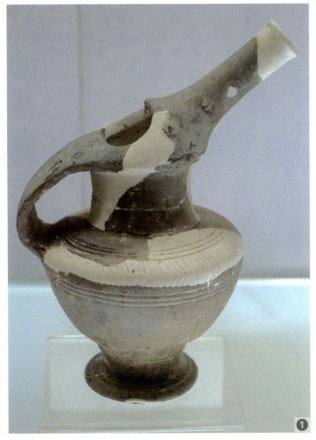

图5-6 盉(①收藏于偃师商城博物馆,②收藏于河南博物院)

图 5-7 透底器（收藏于偃师商城博物馆）

图 5-8 黑陶（收藏于河南博物院）

图 5-9 陶鼎（收藏于偃师商城博物馆）

图 5-10　蛋壳陶（①、④、⑤收藏于山东博物馆，②、③收藏于中国国家博物馆）

　　黑陶有仿生的外造型，似象鼻（图 5-6），夏人用其当作酒器的出口，也是相当有想象力的。

　　山东龙山文化的黑陶也被称为蛋壳陶，细腻、光亮，薄如纸，其外造型似仿植物的花蕊，纤细、异形，富含幽冷、空灵、沉郁与华贵之感。

　　图 5-7 是透底器，是用高浮雕的手法将龙或小蛇装饰于器形之上，形神震撼。

五、静穆、粗犷的扉棱

　　牙璋与黑陶让我们看到立体的、装饰于器物表面的扉棱，突出于形体的棱与牙，体型向外空间伸展，通过粗犷、静穆的视觉感表现出浑然、威猛的意味。

第六章

商代风格与设计
——商风倨傲

沉雄　狞厉　庄尊　瑰丽　稚拙　雄奇

一部《封神榜》，描述了从商代到周代转换时的风云际会，从中可以看到有神、仙、妖、王、贵族、平民、奴隶等角色，他们似乎是一些具有奇异能力的人，或呼风唤雨，或腾云驾雾，或搬山移海，或撒豆成兵等，这一系列的超凡能力确实像是商代时人们对世界的认知。

《诗经·商颂·玄鸟》云："天命玄鸟，降而生商。"传说上天命玄鸟下降，使商汤的先祖有娀氏之女简狄生下契，从此居住在茫茫的殷土之上。在夏代时，商只是一个部落，后来逐渐发展壮大。于公元前1600年~前1046年间取代了夏，建立了商王朝，存续554年。河南安阳是商代王城最后的遗址，被称为殷墟。与商同一时期的还有许多"方国"或"机构"，在江西新干大洋洲、湖北武汉盘龙城、湖南宁乡、四川三星堆等地有与商同一时期的遗址与器物。

殷墟出土了大量的甲骨，主要是龟的腹甲与背甲，还有兽的肩胛骨和胫骨。甲骨上面有利器凿的孔、火灼痕迹、裂纹线与文字。经研究发现，这是商人占卜时的用具。甲骨上出现的裂纹称为"兆"，商人认为"兆"的样子是上天表示出的意志。商人将占卜结果用文字进行解释，其解释内容刻在了甲骨上，这是我国目前发现的最早的系统性文字——甲骨文。

商人盛行占卜，不管什么事都喜欢占卜。他们认为按照上天的意志去做，就可以得福，就是"吉"；如果违背了上天的意志，便要得祸，就是"凶"，甲骨文记录了商人的生活。

殷墟还出土了大量的"贝"，商王武丁的妃子妇好墓出土了六千多枚。除了海贝以外，还有骨贝、玉贝和铜贝，人们推测商人是一个擅长贸易的王国，"贝"是他们贸易的货币，也是我国最早使用的货币。据"殷人服象"一词分析，商代有大量的象生活在中原，商人用象作战与耕作。

出土的商代物品中，有各类青铜器，酒器有觚、爵、斝、尊、罍、卣、觥、觯、斗、瓿等，水器有盘、盂、匜、缶、鉴、罐、盆、碗等，食器有鼎、鬲、甗、簋、盨、敦等。从器物分类中可以看到商人精致的生活，仅酒器就有十多种，从存酒、盛酒、煮酒到喝酒，使用着不同的酒具。这些青铜器物上有着丰富的纹饰图案，有兽面纹（饕餮纹）、龙纹（夔纹和夔龙纹）、鸟纹（凤和各种鸟）、虎纹、火纹、几何纹、云纹、乳丁纹、雷纹等。器物的造型厚重、沉雄、稚拙，呈现出尊贵、庄严之感；纹饰夸张、繁缛、雄奇，显现出瑰丽、狞厉、豪放之风；装饰工艺细腻、精湛，透着坚劲、静谧之气。面对变幻莫测的环境，商人傲视艰难险阻，勇敢前行，呈现出倨傲之风。

一、庄严、尊贵的鼎

与"鼎"有关的成语有鼎鼎大名、一言九鼎、三足鼎立、问鼎中原等，这些成语映射了鼎的重要性。尽管这些成语的形成大都是在周朝，但商文化时期已创造了青铜鼎，有作为礼器，敬献给母亲的；有作为食用器，日常使用的；鼎浸透在人们的生活中，有庄严、尊贵之风。

图6-1为司母辛铜方鼎，目前出土的方鼎有司母戊鼎、牛方鼎、鹿方鼎、人面方鼎、卧虎大方鼎等。方鼎造型为长方槽形，四根柱足上下基本等粗，其器型整体规整、对称，厚重的造型显得稳重、雄壮、苍劲，让人感受到磅礴的气魄。青铜方鼎在商时一般为礼器，在敬鬼、敬神、敬祖先等重大活动中使用，鼎体壁厚重，造型粗壮，线条强悍，纹饰奇异，呈现出商人沉雄、狞厉之风，以无比虔诚、景仰的心情，表达着尊重与敬拜。

图6-2为青铜圆鼎，一般为食用器。器体上的装饰常有兽面纹、小圆圈纹、弦纹、云雷纹等，其纹饰饱满、雄健。常见的圆鼎为三足，青铜圆鼎的鼎足有夔龙状

图6-1　司母辛铜方鼎（收藏于中国社会科学院考古研究所）

图6-2 青铜圆鼎（①收藏于山东博物馆，②收藏于中国国家博物馆，③、⑤收藏于中国社会科学院考古研究所，④收藏于浙江省博物馆）

扁足（图6-2中①、②、⑤）、鸟形（图6-2中③）、鳍形等造型，这些足的造型飞扬、华丽、倨傲。

从以上两类鼎的造型中，可以看到商人区分了用鼎的场所。在表达庄重、敬仰之时采用了厚重、粗壮、强悍的方鼎，在表达欢喜、愉悦之时采用了夸张、飞扬的圆鼎。不同的情景，有了不同的心境与态度，需要采用不同的物品风格。

二、豪放、沉雄的觥

"觥筹交错"与"推杯换盏"是近义词，描述的是人们饮酒时的景象。青铜觥是商代的酒器。商人喜酒，"以酒为池，以肉为林"，呈现了骄奢淫逸的生活状态。

图6-3为常见的觥，觥也称兕觥。兕是古代的犀牛，商以前用其角做觥，装酒不易保存，后被青铜觥取代。青铜觥为椭圆或方形，下有圈足或四足，前有宽流，后有鋬手，盖多作兽形或长鼻象首形。其周身有各类纹饰，各个觥的纹饰并不相同。觥在粗野、怪诞的造型与纹饰下，彰显着豪放与威武。

图6-4为龙形觥，前端塑成一个"兽头"，似龙头，双目凸起，双角竖立，张口露齿，形象狰狞。觥身上有用浅浮雕雕出来的二十余条大小不同的龙。龙形觥上的龙的造型左右蜿蜒，尾部卷曲，曲直疏密，形成一条昂首游动的大龙。龙身左右装点着七个圆涡，配以雷纹，富丽堂皇。龙形觥整体线条刚劲，透着灵巧与凶悍。

图6-3　觥（①收藏于上海博物馆，②收藏于山西博物院，③收藏于中国社会科学院考古研究所）

图6-4　龙形觥（收藏于山西博物院）

三、诡奇、迷狂的尊、瓿、卣、鬲

尊、瓿、卣、鬲等是实用器，这些器物常以牛、羊、虎、龙等动物为装饰，装饰物采用高浮雕的手法（图6-5～图6-10），突出动物的角、眼、爪等，具有锋利、威严的造型，让人产生森然、肃杀、狞厉之感。四羊方尊棱角分明，在尊腹部的四个转角处各铸出一只半身羊，羊头形象非常写实，四对羊角突出，每只羊仅塑出两个前蹄，其后半身隐没于尊内，赋予人以想象空间。尊的造型庄严、规整，凝神、安详的羊则给人以诡奇、迷狂之感。

图6-5　尊（收藏于故宫博物院）

图6-6　四羊首瓿（收藏于上海博物馆）

图6-7　铜瓿（收藏于中国社会科学院考古研究所）

图6-8　四羊方尊（收藏于中国国家博物馆）

56　博物馆里的中国设计与风格

图6-9 饕餮纹鬲（收藏于西安博物院）　　　　图6-10 卣（收藏于河南博物院）

四、飞扬、刚劲的扉棱

商代器物中，扉棱是常被用到的装饰手法，夏文化时期的陶器上已经发现扉棱，但青铜器上采用扉棱的器物远多于陶器，其视觉效果远比陶器强烈。扉棱或规整排列有序，或勾、或尖地突出于器物表面。图6-11中的卣用扉棱将器物周边清晰分割，使器物体量更加高大、壮观。扉棱配合器身上的纹饰与高浮雕兽头，呈现出夸张、强悍之风。

图6-12中的方罍呈方形，盖及盖钮为单脊四坡屋顶状，直口、圆肩、斜壁深腹、圈足。其肩侧及

图6-11 卣（收藏于保利艺术博物馆）　　　　图6-12 方罍（收藏于洛阳博物馆）

下腹有对称的兽头环钮，正背两面肩部饰有浮雕兽头。在商代青铜器上常常采用三层装饰手法，纹饰繁缛。图6-11与图6-12中的器物底部饰有细线云雷纹，在云雷纹之上装饰有线条较粗的饕餮纹、凤鸟纹及蕉叶纹，在肩部或钮部装饰有高浮雕的兽头，周边还有扉棱。带有扉棱的器物从整体造型看更显雄健、苍劲，其诡秘的造型形成了沉雄之势。

五、狞厉、狂飙的兽面纹

商代青铜器上有大量的兽面纹，似龙、似虎、似羊、似牛，统称为兽面纹。以图6-13的青铜钺为例，钺本是武装力量的象征，但其上两面饰有两虎食人首的纹饰，看上去似乎更具有力量与恐惧之感。图6-14为方彝，与后期近三千年的建筑造型相似，由此推断这是早期的房屋造型。方彝造型稳定，上面的饕餮纹饰是传说中的食人动物，且只进不出，从具象到抽象的方法，与良渚文化的神人兽面纹有传承的关系，但它凸出鼻棱、巨目、宽口，集动物神秘、恐怖、凶残的特征于一身，由人们幻想而设计出的动物纹，透着狞厉与狂飙。

图6-13　钺（收藏于中国社会科学院考古研究所）

六、沉稳、倨傲的玉

图6-15～图6-17，分别是玉鸟、玉人、玉鹰，鸟兽的造型都高昂着头，挺着胸，采用夸张的身体曲线，呈现出不屑一顾、高高在上的神情。其头顶高耸的凤形羽冠，边缘有脊齿，前高后低，似屈膝蹲在地上，又似飞翔在天空，呈现出睥睨苍穹的姿态。图6-18、图6-19的鸮即猫头鹰造型，双目凸起，炯炯有神，有着同样的气质。商人应用鸟的造型，塑造了青铜斝（图6-20）、青铜爵（图6-21），无论是四足，还是三足，其足都向外撇着，显得坚定、霸道，高耸的肩、流、尾，使得整体造型在敦厚中显得挺拔，展现着沉稳与骄傲。

图6-14　方彝（①收藏于河北博物院，②、③收藏于中国社会科学院考古研究所）

图6-15 玉鸟（收藏于上海博物馆）

图6-17 玉鹰（收藏于山西博物院）

图6-18 玉鸮（收藏于中国社会科学院考古研究所）

图6-16 玉人（①收藏于中国社会科学院考古研究所，②收藏于中国国家博物馆，③收藏于河南博物院）

图6-19 青铜鸮（收藏于河南博物院）

图6-20 青铜斝（收藏于中国社会科学院考古研究所）

图6-21 青铜爵（收藏于中国社会科学院考古研究所）

图6-22为虎，或匍匐，或窥视，似在捕捉猎物，似在与谁游戏。它们将四足缩放在身体下，张着嘴，翘着尾巴，显得沉静肃穆，其造型充满了力量与高贵。可以看到商人借助于动物造型塑造着自身，塑造着器物，用商人饱满、大气、谨严、伟丽的审美观，表达着尊贵与庄严。

图6-22 玉虎（①收藏于中国社会科学院考古研究所，②收藏于天津博物馆，③收藏于上海博物馆）

七、瑰丽、优雅的白陶与青铜

图6-23～图6-26中的白陶也被称作原始瓷,是初步采用了瓷的工艺与技术水平的器物,其烧成之后釉陶的外表洁白细腻、色彩鲜艳、纹饰亮丽;多为刻花、凸雕,以细致的底纹和粗壮的浮纹相结合,造型秀丽、华贵、精美。

图6-23　白陶尊（收藏于上海博物馆）

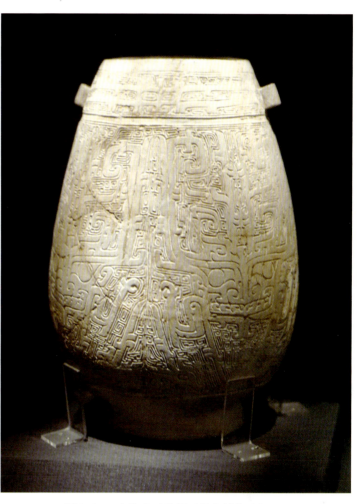

图6-24　白陶壶（收藏于故宫博物院）

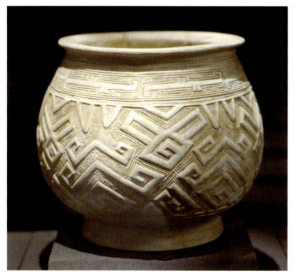

图6-25　白陶瓿（收藏于故宫博物院）

图6-26　白陶豆（收藏于故宫博物院）

繁缛的装饰是商代的又一特征。器物采用密集的细线条，将兽面纹以柔和的方式用于器物之上，仅突出两只眼睛。繁密的线条，既是精致工艺的显现，又是人们对细致生活的追求。从这些繁缛的纹饰可以感受到商代生活中除了杀戮以外，还拥有细腻且华丽的生活。

卣的造型体态修长，做工精美，通身饰华美、富丽的纹饰，纹饰繁缛（图6-27、图6-28）。觥（图6-29）的外形呆萌，稚气可爱，装饰着繁缛细线的兽面纹，减弱了兽面的狰厉，呈现出丰缛、精致、优雅的奢华。

图6-27 提梁卣（收藏于河南博物院）

图6-28 提梁卣（收藏于保利艺术博物馆）

图6-29 觥（①收藏于中国社会科学院考古研究所，②收藏于河北博物院）

八、稚拙、单纯的动物

图6-30的玉凤来源于商王王后妇好墓中,其线条优美、流畅,身形呈侧首回身状,胸部向外凸起,与尾部连成弧线形;头顶有齿脊状冠,尖喙,短翅长尾,尾翎分开两叉,爪卧胸下,整体造型简单、大方、高贵。其他动物造型的器物(图6-31～图6-33),无论是作为挂件,还是作为摆件,都显得轻灵、秀美、稚拙。

图6-30 玉凤(收藏于中国国家博物馆)

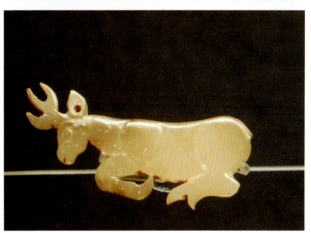

图6-32 鹿(收藏于上海博物馆)

图6-31 象(收藏于中国社会科学院考古研究所)

图6-33 鸟(收藏于中国社会科学院考古研究所)

图6-34的鸮是由两个鸮昂首背立,盖腹相合而成,圆圆的双眼,其器物的耳似它的双翅,腹部装饰羽翼,两脚微收,造型小巧、灵动,显示出天真、活泼之风。图6-35、图6-36分别是龙与虎,它们张着嘴,收着腿,看似凶狠,但又觉得很可爱。

商代的玉有绿色、黄褐色、淡灰色、白色、黄色,多数杂有与主色相异的玉斑,有新疆和田玉、透闪石软玉、南阳玉、岫岩玉、河南密玉,以和田玉占多数。这些玉料来源不同,不知是战争所获,还是贸易交换所获,但商人所创造出的这些造型,让我们感受到人们心中的平和与愉悦的方式,这种简洁、流畅的线条,展现出人们甜美、简单的心灵诉求。

图6-34　鸮卣（收藏于山西博物院）

图6-35　龙（收藏于中国社会科学院考古研究所）

图6-36　虎（收藏于中国社会科学院考古研究所）

九、冷峻、高贵的三星堆

图6-37为四川广汉三星堆的青铜人面像和青铜立人雕像。立人铜像体形瘦高，戴高冠，穿长袍，纹饰华丽；双手呈握物状，身佩带饰，手足带镯；似集神、巫、王身份于一体。人面像都表情冷峻、肃穆、威严，有着邪魅的嘴角、外突的眼睛，如翼的双耳及部分黄金面具，彰显着磅礴、肃穆、高贵与威严之势。

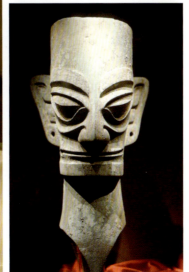

图6-37 青铜立人与青铜人面像
（收藏于三星堆博物馆）

图6-38①的神树非常丰富，树枝上的花果或上翘，或下垂，每个树枝上都站立着一只鸟，这些鸟儿个个气宇轩昂。树的整体造型彰显着华贵与荣耀。

图6-38　神树①、大鸟头②、鸟③、鸡④收藏于三星堆博物馆

第七章

西周风格与设计
——周风雅正

庄重　宏阔　严劲　简朴　醇和　葱茏　清疏

图 7-1　乳丁纹四耳簋（收藏于宝鸡青铜器博物馆）

图 7-2　兽面纹双耳方座簋（收藏于宝鸡青铜器博物馆）

图 7-3　凤鸟纹方座簋（收藏于西安博物院）

公元前1046年~前221年期间，周取代了商，共计825年。这段时间被分为两段：西周与东周。西周为公元前1046年~前771年，计275年，其都城为镐京（今陕西西安）。东周又分为春秋、战国两个时期，公元前770年~前476年，计295年，史称春秋；公元前475年~前221年，计255年，史称战国；春秋战国时期周王室的都城为洛邑（今河南洛阳）。

西周伊始立天子，天子采用分封制将天下分封给各位有功之臣与姬姓族人，设置了五等爵位：公、侯、伯、子、男。各地推行"井田制"，分封到各地诸侯。诸侯既对当地实施管理，又使各个民族与部落之间进行了广泛的融合。"普天之下，莫非王土；率土之滨，莫非王臣"。周朝的分封制与"嫡长子继承制"稳定了周朝的政治结构，也使众多诸侯、臣妾费尽心事。层层分封，使疆域得到了扩大，封君势力扩大。宫廷夺嫡、王室骄奢、诸侯扩张等最终导致春秋战国的形成。

西周第一任天子周武王的父亲周文王，曾被商王囚禁于羑里城（今河南安阳）。在羑里城时，他对古代占卜术进行了系统的研究，创制了《周易》。以天、地、雷、火、风、水、山、泽八种自然现象作为八卦，将世界分为阴阳两大范畴，提出世间万物的对立统一，不断运动、相互转化的思想，这是我国哲学思想的萌芽。

第一任天子周武王的弟弟周公旦创制了"周礼"。"礼"覆盖了中国人生活的方方面面，大到制度、政令、民俗，小到个人的举手投足、音容笑貌，都有"礼"相随。每一种礼都由一定的要素组成，如礼义、礼法、礼器、言语辞令、礼容等，这些组成及要素经后代人的努力形成了《礼记》，成为今天华夏各种礼仪的鼻祖。

周代对社会的管理从神治走向了德治，玉器成为礼制和伦理的载体。璧、圭、琮、璜、璋谓之"五瑞"，苍璧、黄琮、青圭、赤璋、白琥、玄璜作为"六器"，以礼天地四方。由于玉的纹理、色泽、声音、硬度、质感表现出特有的莹泽、舒扬、坚韧、温润的属性，象征着君子应该具备的仁、义、智、勇、洁等美德，在人格修养中的君子于玉比德、无故玉不去身，追求佩玉之度、佩环之声的优雅举止和华美声貌。佩玉成为君子生前、死后的行为规范。

礼器是行礼时使用的器物，有食器、酒器、乐器、玉器等，通过这些器物，即"藏礼于器"，周风雅正中蕴含着庄重、宏阔、刚毅、简朴、醇和、葱茏与清疏。

一、庄重、宏阔与刚毅的鼎、簋

伴随着礼仪制度，仪式与规矩的制定与执行，器物的特征表现为：规整、稳健的造型，朴实、厚重的线条，沉着、安定的装饰，显示着周代庄重、宏阔、刚毅的风格。

鼎、簋在周代是礼器，也是食器，它们有共同的造型特征，就是规整、稳重，给人以严整、刚毅的感觉。图7-1～图7-3为簋，图7-1的簋身上规律地排列着乳丁纹，四耳在四个对角方位，每只耳以浮雕牛首作装饰，造型庄重大方，有稳定、典雅之感。无论是方鼎还是圆鼎，均采用粗壮的立柱（图7-4～图7-7）；图7-4是圆鼎，但四个对角方位装饰着扉棱，且扉棱宽厚、端稳，在圆融中呈现着浑穆。

周朝的兽面纹，如图7-2、图7-6所示，采用浮雕技法，其眉形比商代要平缓、沉圆，眉宇在端正、凝重中透着威严；突出的双眼也没有商代那样咄咄逼人，单纯、洗练的造型给人以平和典雅的感受，宁静

图7-4　扉棱鼎（收藏于陕西历史博物馆）

图7-5　大克鼎（收藏于上海博物馆）

图7-6　兽面纹铜方鼎（收藏于洛阳博物馆）

图7-7　凤鸟纹鼎（收藏于宝鸡青铜器博物馆）

图 7-8 簋（收藏于宝鸡青铜器博物馆）

图 7-9 龙凤纹禁（收藏于宝鸡市渭滨区博物馆）

图 7-10 外叔鼎凤纹（收藏于陕西历史博物馆）

中透着沉雄。簋的双耳上有浮雕兽头，显得稳重、雄迈。图 7-3、图 7-7 的器身上装饰着凤鸟纹，其羽毛平缓地向外舒展，沉静中透着尊荣。

从商人继承而来又有新的创造，周人使粗壮有了端庄之感，使流畅的线条稳定而优雅，形成了"温柔敦厚"，"乐而不淫，哀而不伤"的审美趋向。

二、阔达、懿德的凤鸣岐山

传说文王时期，凤凰落于岐山（今陕西省宝鸡市岐山县）。凤凰作为吉祥的象征，仁德的象征，在周代众多器物上被使用。图 7-8 中的簋上有十只凤鸟，双耳用高浮雕方法塑造了两只凤鸟，其身端直，颈部、身上的羽毛与器身相联，两脚敦实，身形稳重、庄敬。在器身四周及盖顶分别环绕着四只凤鸟，凤鸟均呈回首反顾状，羽毛卷曲以装饰鸟身，此器物上的凤鸟稳重、静穆、峻拔。

早期人们的认知中，凤为雄，凰为雌，故常常成对出现，现已将凤凰作一体而与龙相对使用了。因此，图 7-9 的"禁"，其四周装饰有凤凰，也被解读为龙凤纹。据分析，器物"禁"的功能是针对商代时期的奢靡而以"禁止"为提示所塑造的器物，饮酒时酒器放置其上，此处是单体"禁"，也有多联体"禁"。"禁"器身以云雷纹为底，再以浮雕装饰凤鸟纹，上龙下凤，龙的造型雄劲，凤的造型温柔。图 7-10 为鼎上的凤纹，以云雷纹为底，浮雕两只相对的凤凰，在其凤凰身上还装饰有"S"纹，似羽毛，其造型自信、优雅、稳重、阔达。

三、宏阔、雄浑的交龙纹

图7-11为壶，是周代重要的盛酒器之一，此壶出土时是一对，出土于陕西省宝鸡市眉县杨家村的一个窖藏，名曰单五父壶。既是窖藏，应为日常用品，或是为躲避灾难而掩埋在地下，期待日后再返回家中时可以取出使用。因此，对理解周人文化有极好的帮助，通过其上铸有的文字可知，这是为纪念而铸造的器物。其造型上窄下宽，器体璧厚体浑，造型浑厚、稳重。斑驳的绿绣透出金色的铜体，器盖和颈部均饰有环带纹，给人以规整、沉圆之感；腹部以一条圆突的双身龙首为主体，交错盘横着多条龙纹，纹饰流畅，似龙俯视巡游，雄伟、阳刚。单五父壶大体量，对称的装饰手法，弯曲动感、粗壮的线条，使铜壶宏阔、雄浑。此器物为西周晚期的作品，圆融、飞扬的龙造型，彰显着自由、灵动的萌发之势。

四、严正、庄重、刚毅的曲折雷纹与直棱纹

图7-12为壶、图7-13为卣，其器身纹饰为曲折雷纹，器物既有商时雷纹的基本单元构成，又有周人设计的符合礼仪中的规整与严谨之感。密集的雷纹一个连着一个，在器物表面沿三角形走势布局，彰显着条理的方正与规则要求；而深、浅浮雕的应用透着主次分明、明暗清晰的效果，在与凤鸟组合的过程中，凤鸟的灵巧、优雅、秀洁、自在体现在器物中间。使器物整体造型端庄、雅丽，在严正中表达着温和与程式。

图7-11　单五父壶（收藏于宝鸡青铜器博物馆）

图7-12 壶（收藏于陕西历史博物馆）

图7-14 直棱纹簋（收藏于宝鸡青铜器博物馆）

图7-15 簋（收藏于陕西历史博物馆）

图7-13 卣（收藏于上海博物馆）

图7-16 筒形直棱纹提梁卣（收藏于宝鸡青铜器博物馆）

图7-14～图7-16中的簋与筒形提梁卣采用了直棱纹，显得庄重、刚毅，这是周代器物造型与装饰的经典。器物的直棱纹由竖直、平行、等距、等长的直线条纹装饰在器身之上，带来简洁、清晰、明确的表达，配以不同器形达到庄重、刚毅之效果。以图7-14为例，这是簋中之王，无论是整体造型还是器身局部的构成，均采用了直棱纹，而向外伸展的双耳，使体量感壮大，由此产生了深沉与雄劲的效果，彪炳着高贵与权威。图7-16中的器物造型简洁，分割清晰，分割所用的纹饰柔和了直筒带来的僵硬之感，直棱纹呈现了硬朗与峻拔的视觉效果。

礼仪中所用的器物既是礼仪思想的呈现，又是礼仪实施过程效果的呈现。礼仪既有庄重、宏阔，以教化天下之目的，也有执行中的刚毅、执着的诉求。礼成为周人软性的法律法规，"一切的一切，都在一种威严肃穆而又温情脉脉中运行着。"

五、苍润、简朴、醇和的环带纹与窃曲纹

环带纹，以倒"S"形环绕在器身上，线条粗厚、圆润、流畅。图7-17～图7-19呈现了各类环带纹及环带纹的变形。在环带之间常装饰有被简化的兽面纹，有时也与其他简单的几何纹进行组合。环带纹直接浮雕于器物之上。环带线条的粗厚、浑圆、蜿蜒、流畅，能呈现温柔、敦厚之象。

图7-17　鼎（①、②收藏于宝鸡青铜器博物馆，③收藏于安徽博物院）

图7-18　簋（收藏于宝鸡市周原博物馆）

图 7-19 簋（①收藏于河南博物院，②收藏于陕西历史博物馆）

以图 7-17 的鼎为例，其腹部下垂，鼎耳向上立耸；立足为两端粗肥、中间较细的兽蹄状，使器型挺括、周正，有威严之感；圆润造型的器物显得体态优美，给人柔顺、醇和之印象。舒畅、轻快的曲线，加强了器物的动感，既有庄重威严的礼制色彩，又有典雅、细腻的趣味。图 7-17 的①、②分别为四十二年逑鼎、四十三年逑鼎，其鼎内分别有 280 个、310 个字，记叙了逑因伐戎有功，受到周王册封和奖励的事情，铭文中有年、月、干支、月相等重要资料，并有施政办事不敢贪得无厌，中饱私囊等嘱托。青铜器上之铭文称"金文"，文字形态、文字内容与器形相得益彰，透着周人做人、做事的雅正。

图 7-20 为壶，与图 7-11 中的壶相比，器形相同，纹样规整。图 7-20 为简化了兽面纹所带来的纵向视觉空间，而环带纹又将器身进行了分层装饰，疏朗有致，使器物挺拔、方正、温和、明朗。加之浑圆、粗厚的造型，简洁、单一、柔和的线条，中正、抽象的几何纹，从而带来简朴、醇和的风格。纹饰的一体化带来了整齐、硬朗与威严感，分割则使视线分散，再采用浑圆的线条调节至柔和之感。

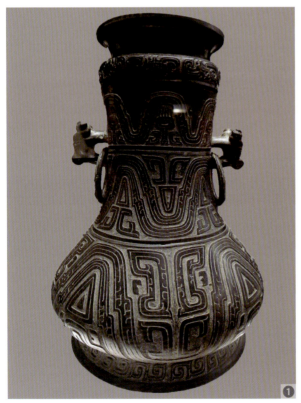

图 7-20 壶（①收藏于宝鸡青铜器博物馆，②收藏于保利艺术博物馆）

窃曲纹，源于兽面纹中的部分结构，被进一步抽象后所得。图7-21～图7-23的器物上都有窃曲纹，其正面仍有简化的兽面纹，其身已被弯曲成两两相反的，规整而倒置的"S"形。每个"倒S"比邻而居，环绕器身，其间有弯勾、云点装饰。其装饰部位常常在器物腰部以上，也有红山文化中勾云纹的风采。窃曲纹线条疏朗、工谨，既简明、规整，又苍润、流溢，有醇和之美。

图7-21　簋（①收藏于河南博物院，②收藏于保利艺术博物馆）

图7-22　盨（收藏于宝鸡市周原博物馆）

图7-23　匜（收藏于宝鸡青铜器博物馆）

六、温和、典雅的鬲、卣

陕西宝鸡，古称陈仓，是周代的发源地，当地出土的许多文物为窖藏，也即人们的生活用品。图7-24～图7-26的鬲与卣是人们的食用器，其造型也符合现代人的审美。

周代的鬲有敦实的兽腿，束颈，圆腹，其装饰纹样有窃曲纹、直棱纹、重环纹等多种。图7-26为卣，每个立面采用圆滑的过渡，造型柔和、淳美；圈足平稳，提梁均衡受力，装饰以兽面为前，凤鸟展翅在侧，显得明丽、优美、温厚，即使是高浮雕的兽面，也显得乖巧、平淡，尽显温文尔雅、祥和之气象。

图7-24　单叔鬲（收藏于宝鸡青铜器博物馆）

图7-25　伯先父鬲（收藏于宝鸡青铜器博物馆）

图7-26　卣（①收藏于宝鸡青铜器博物馆，②收藏于宝鸡周原博物馆）

七、沉郁、温厚的素面青铜

当器物上没有装饰或只有非常简朴的装饰时，其趣味要靠器物的造型、质感、颜色来传递了。图7-27～图7-29中的器物应该属于此类，光滑的黑色，但并没有沉闷之感，反而觉得充满了力量，但这种力量并不张扬、不暴力，简单中透着秀洁、沉郁、含蓄、深婉，有温厚、沉稳、凝练之感。此类素面纹器物让我们联想到龙山文化、夏代文化时期与蛋壳陶的继承关系。

图7-28　鼎（收藏于运城博物馆）

图7-27　壶（收藏于宝鸡青铜器博物馆）　　　　　图7-29　壶（收藏于运城博物馆）

八、自信、优雅的觚、觯

图7-30、图7-31均为酒器，觚的口部直径大，腹部变细，器身弧线柔顺、流畅，有的给人以单薄、纤弱之感，呈现出优美的造型；有的给人严正、粗厚之感，呈现出坚定、成熟的造型，这就是细体觚和粗体觚的效果。其器体上的装饰纹样以蕉叶形为多。图7-31为觯，采用蕉叶纹，觯的口径与腹部的大小没有觚差异大，在近底座处收缩，形成底座圈足，彰显温柔敦厚的造型。图7-31③器物的装饰既有蕉叶纹，又有凤鸟纹，吉祥、仁德与优雅、自信并存于这些器物之中。

图 7-30　觚（①收藏于山西博物院，②、③收藏于宝鸡青铜器博物馆，④收藏于西安博物院）

图 7-31　觯（①、②收藏于宝鸡青铜器博物馆，③收藏于上海博物馆）

九、葱茏、清疏、典丽的杯与盉

《诗经·周颂·丰年》曰"丰年多黍多稌，亦有高廪，万亿及秭。为酒为醴，烝畀祖妣。以洽百礼，降福孔皆。"描述的是这样的景象："丰年产许多黍稻，囤积着高高的粮仓，多得不可胜数。酿成清酒和醇酒，祭祀先祖和先妣，一切礼仪均完备，幸福恩泽天下四方。"这是一派丰收喜悦的景象，丰收之后的首要之事是酿酒祭祀祖先，由此获得幸福与恩泽。周代礼制中的器物通过圆融、舒朗、婉丽的造型和装饰，呈现着葱茏、清疏的风格。

人们推测图 7-32 为杯，此杯具有常规的器身，但双翼把手是周代器物中少有的造型，显得比较清疏、自由。图 7-33 的装饰纹样中有兽面纹、凤鸟纹、直棱纹等，直棱纹将兽面纹与凤鸟纹分开，形成规整的空间划分，兽面纹在上，凤鸟纹在下，凤鸟远看似浪花，近看却是凤鸟在嬉戏，给人以轻松、活泼、浪漫之感。图 7-34 为饮壶，以象鼻为耳，以兽面纹与凤鸟纹组合装饰器身，显得精妙、舒朗。这种造型的杯子以今人来看是不方便使用的，但如此夸张的造型，飞扬的装饰手法让人体验到周人的豪放与宽阔。

图7-32 双耳杯（收藏于陕西历史博物馆）

图7-34 饮壶（收藏于扶风县博物馆）

图7-33 夔龙纹卣（收藏于三星堆博物馆）

图7-35 鸟盉（①收藏于山西省考古研究所，②收藏于山西博物院）

  图7-35、图7-36为盉，属于饮酒器。其造型变化丰富、生动有趣，全部采用或部分采用了动物造型。图7-35为鸟形盉，鸟儿们双脚坚定，双翼收拢，胜似闲庭信步；头在顾盼之间彰显着自信与典丽。图7-36中采用兽蹄、鸟盖、虎身链接盖，以兽面纹、凤鸟纹、重环纹装饰其身前后。这是周代比较豪奢的器物，既有兽蹄的稳健，又有鸟的高华，还有虎的趣味。图7-37为斗，是盛酒之物，器身以精致的曲线展现了周代生活方式的骄逸与典丽。

第七章 西周风格与设计——周风雅正

图7-36 凤首扁盉（收藏于保利艺术博物馆）

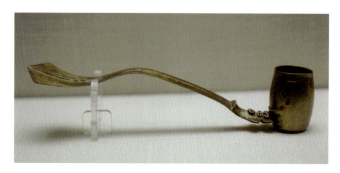

图7-37 羽纹斗（收藏于宝鸡渭滨区博物馆）

十、温润、柔和的玉与君子

从红山文化、良渚文化中可看到玉在生活中的作用。周人也有意识地对玉展开了一系列的设计。

《礼记·学记》中曰："玉不琢，不成器；人不学，不知义。"将人的成长过程比作玉器的形成过程，有金科玉律、冰清玉洁、亭亭玉立、金枝玉叶等诸多成语。《诗经·秦风·小戎》有："言念君子，温其如玉"，意为：想念我那出征的夫君啊，他的人品温和如玉。

玉的天然材质有着晶莹、温润之感，与周人礼制期盼达到的效果一致。从周代开始，玉不仅是一块美丽的石头，周人应用玉所具有的温润、柔和、晶莹等秉性，隐喻人文质彬彬、谦谦君子的品行，赋物以对人的形象要求，规训人的行为，呈现的是温柔敦厚。由此，玉佩在礼仪服制中有着举足轻重的地位，成为身份的象征。人们佩带的玉不仅仅有单件的，而且常常以组玉的方式出现，"君子无故不去玉"成为了判断君子的文化符号。

图7-38～图7-40为人们生活中的佩玉，有组玉佩与单件弄玉。图7-38为组玉佩，组玉佩中常有玉璜、玉管及动物造型等。图7-39、图7-40动物造型，在沉稳、安静中透着高贵，其高昂的头，欲飞还收的姿态，敦厚的身形，表达着周人温厚、清澈、雄丽的审美。《诗经》中有"佩玉将将"，将人们佩玉之后走起路来玉器相撞之效果引发为玉德与身份之鸣。

图7-38 组玉佩（①收藏于山西博物院，②收藏于山西省考古研究所）

图 7-39　玉鹿（①收藏于山西省考古研究所，②收藏于山西博物院）

图 7-40　鸟形玉戈（收藏于山西博物院）

CHAPTER 07　　　　第七章　西周风格与设计——周风雅正　81

第八章

春秋战国风格与设计
——春风华滋

华美　雄壮　尊贵　诚朴　自由　清健

一缕狼烟，周幽王为博美人一笑，"烽火戏诸侯"，毁了西周王室，葬送了礼乐制度，历史进入春秋战国时代。公元前770年~前476年，史称春秋；公元前475年~前221年，史称战国。春秋战国时期统称为东周，都城为洛邑（今河南洛阳）。

春秋战国时期，周天子成为名义上的共主。西周初始，周天子分封的二百多个诸侯国，不断地寻找各自的生存与发展之路。各诸侯国对内改革，发展经济，富国强兵；对外发动了一场又一场的战争。改革与战争的两个车轮驾驭着春秋战国时期的各个诸侯国，影响着人们的生活与社会的发展，先后形成了春秋五霸（晋国、齐国、楚国、秦国、吴国）和战国七雄（齐国、楚国、秦国、燕国、韩国、魏国、赵国）。

春秋战国时期越来越多的诸侯，甚至士大夫们在生活中僭越西周的"礼制"规范，被人评说为"礼崩乐坏"。春秋战国时期百家争鸣，各种思想不断涌现，出现了诸子百家：法家、儒家、道家、墨家、兵家、名家、易家、阴阳家、计然家、农家、医家、水家、方术家、堪舆家、营国家（建城术）、工家、乐家、杂家等。春秋战国时期多社会英雄悲歌、侠士纵横，有挂六国相印的苏秦，有仗剑刺秦王的荆轲，有礼贤下士的四公子等。

春秋战国是一个大解放、大动荡的时期，各种思想与方法都在进行探索，寻找实践的空间。春秋战国时期各派别之间展开了大讨论，齐国建立的"稷下学宫"是最高学府，几乎容纳了诸子百家的讲学与交流。学术百家争鸣，在以后悠久的岁月中，一直影响着华夏子孙，深深地溶入我们的文化血脉之中。孔子、孟子的理论成为儒家学说的经典，老子、庄子的理论成为道家的经典，孙武、司马穰的理论成为兵家的经典，商鞅、吴起、李斯、韩非子等的理论成为法家的经典，墨翟的理论成为墨家的经典。

"强大、争霸"的时代，齐桓公展开了"尊王攘夷"的霸业，晋楚争霸长达150年。在争鸣、改革与争霸的过程中，华夏文化经历了前所未有的扩展和融合，各诸侯国、士大夫等在文化上逐渐清晰，向着一统天下的目标前行，为秦汉统一奠定了基础。

礼崩乐坏之后，乐坛除了有《雅》《颂》之外，还有了《风》，这是民间采集而成的乐曲，形成了《诗经·风·雅·颂》，这是中国诗词文学的源头。

公元前800年~前200年，地球北纬30°左右，世界上诞生了老子、孔子、苏格拉底、柏拉图、佛陀等先哲，人们将此时期称为轴心时代。我国时值春秋战国时期，创造了华美、雄壮、高贵、诚朴、自由、清健的风格。

图8-1 狩猎宴乐图铜盖豆（收藏于河北博物院）

第八章 春秋战国风格与设计——春风华滋

一、华美、壮阔与尊贵的生活画面

春秋战国时期的青铜器不仅有文字描述,还出现了许多画面提供的场景。这是早期的中国画,它描述了当时人们的生活方式。图8-1中的豆盖有盖柄与盖身,盖柄上的圆圈部分描绘的是人们狩猎的场景。豆盖的肩部被分成两个循环区域,一个区域描绘的是人们在室内宴乐,一个区域描绘的是人们在室外狩猎。室内宴乐的人又被分为上下两个区域,上层的人们在游戏,下层的人们在奏乐。室外狩猎的画面中,水里的鱼、鸭被长矛收获,天上的鸟禽被弓绳逮获。

在其他青铜器上,还有妇女采摘桑叶、男人驯养动物,更有水陆攻占的场景(图8-2～图8-4)。画面中的生活生动有趣,丰富多彩;女人婀娜,男人健壮。生活中的活动场面宏大、壮观、丰富。

在画面中还可以看到建筑结构已是我国沿袭至今的斗拱飞檐,通过人体与建筑之间的比例关系,画面呈现了当时人们生活的华美、壮阔与尊贵。

图8-2 镶嵌画像纹壶(收藏于上海博物馆)

图8-3 狩猎纹铜壶(收藏于洛阳博物馆)

图8-4 嵌错宴乐攻战纹铜壶(收藏于四川博物院)

二、华丽、雄壮的建筑

图8-5为铜屋模型，在平面房基之上，四面各有四根立柱，形成三扇门面，房屋有三面以方形格纹装饰，正面开放。屋顶的斜坡面及屋檐下四周用蟠虺纹装饰。屋顶正中立柱上有一只小鸟，立柱及小鸟周身全部装饰纹样。此小屋出土于今浙江省，是古越人的器物，呈现了古越人的建筑样式及空间分割方式、装饰方式。河北博物院馆藏有古中山国的"错金银兆域图"铜版，用平面展现了房屋的功能布局。

图8-6～图8-8为古燕国宫殿的建筑构件。

图8-6为瓦当，瓦当是瓦筒顶端下垂的部分，起着装饰屋檐和保护椽头的作用。燕国瓦当上一般有双夔纹、饕餮纹，也有山云纹、双螭纹、双鸟纹、双龙纹、双鹿纹等，纹饰线条粗犷。

图8-7为陶筒瓦及瓦脊饰件，燕下都的脊瓦最长达121厘米，板瓦最宽51厘米，筒瓦、瓦当最宽35厘米。它们被一排排地装置在屋顶之上，如一片浮云，显得恢宏、壮观，呈现出宏大的气势。

图8-8为宫门铺首，长74.5厘米，宽26.8厘米，重21.6公斤，巨大的铺首放置在宏大的宫门上。铺首整体呈兽面衔环状。兽面为卷眉、凸目、卷云鼻，飞卷的胡须间露出獠牙，口衔八棱环。兽额上站立花冠尖喙、展翅欲飞的凤鸟，凤爪踩住蛇尾，两条长蛇缠绕凤鸟双翅，凤鸟曲颈回首奋力挣扎。铺首两侧各有一条向上攀爬的龙，龙头从兽角后探出。龙头、凤首和蛇颈均为圆雕，通身雕细密的羽纹和卷云纹。铺首造型生动精致，器形巨大，纹饰华丽、雄壮。

图8-5 伎乐铜屋（收藏于浙江省博物馆）

图8-6 燕下都建筑用瓦当（收藏于河北博物院）

图8-7 陶筒瓦及瓦脊饰件（收藏于河北博物院）

图8-8 宫门铺首（收藏于河北博物院）

三、稳健、华美的灯具

图8-9～图8-12为灯具。图8-9为一人擎盘立在"牺"上的器物，"牺"是古代对祭祀所用牲畜的称谓。此"牺"综合了多种畜禽的特征，浑厚的造型显得驯良温顺、威猛稳重。牺周身装饰有华美的纹饰，背上立人擎握镂空转盘，好似今天餐桌上的转盘，呈现出灵活、平衡、稳健的效果。

图8-10是银首人俑铜灯，这是由一个耍蛇男子支撑的，他长裙曳地，两手各握一条蛇，两条蛇的头部分别擎住一只灯盘，还有一条蛇盘踞在底部灯盘内，蛇头顶住男子左手所握的蛇。古人对蛇的把控如此驾轻就熟，彰显着人们对环境控制的能力。

图8-9 铜牺立人擎盘（收藏于山西博物院）

图8-10 银首人俑铜灯（收藏于河北博物院）

图8-11为十五连盏铜灯，整体仿佛是一棵大树，枝头有十五只灯盘，高低有序、错落有致。树干上蟠绕着三条蜷曲的螭龙，树枝间小鸟引颈鸣叫、群猴嬉戏玩耍，灯的圆形底座由三只独首双身的猛虎托起，底座上站着两个男俑，正在高兴地抛食戏猴。此灯的照明与人物、动物的刻画相映成辉，可谓妙趣横生。这些灯具的造型各异（图8-12），但都在稳健中赋予变化，华丽中透着刚毅。

图8-11　十五连盏铜灯（收藏于河北博物院）

图8-13　错金银团花流鼎
（收藏于洛阳博物馆）

图8-14　错金银云纹青铜鼎
（收藏于中国国家博物馆）

图8-12　跽坐人铜灯（收藏于河南博物院）

图8-15　错金银铜牛形插座
（收藏于湖南省博物馆）

四、斑斓、华丽的错

春秋战国时期有一种金银加工工艺称为错，它是在铸造器物时预留纹饰槽，铸成后把金银丝或金银片嵌入槽内并加以打磨，使之与器表齐平。这种工艺制作的青铜器外表华丽、优美，如图8-13～图8-18所示。

图8-13为错金银团花流鼎，该鼎小巧，高11.4厘米，口径10.5厘米。盖和腹饰错金银四瓣花，盖缘器口饰云纹带，耳流足均饰云纹。图8-14中的鼎通体饰错金银云纹。图8-15中的插座通体饰错金银卷云纹。这些器物线条流畅、飘洒，鲜亮的纹饰显得华丽多彩，图案藻丽灿烂。

图8-16 错金银四龙四凤方案座（收藏于河北博物院）

图8-16为错金银四龙四凤方案座，其案底座为圆形盘，由四只梅花鹿承托，座盘上方四角分别有昂首挺立的四条双翼双尾神龙，龙的双尾反勾住头上的双角，双翼在中央聚合成半球形，龙尾扭结处四只凤鸟引颈展翅而出。四条龙的龙头分别托起一件一斗二升式的斗拱，斗拱托起案框。案座整体的造型动静结合，疏密有致，龙飞凤舞，构思新颖，工艺精湛，加之错金银纹饰，器物整体呈诡谲、斑斓、流畅之美。

图8-17为错金银双翼神兽。当时人们的生活方式为席地而坐，为防止席子滑动采用了镇席之器或陈设品。一对带翅膀的神兽，怒目圆睁，獠牙外露，圆颈挺立，昂首环视，仿佛在大声咆哮。它的前胸宽阔低垂，四肢弓曲，利爪怒张，双脚随时准备腾空跃起，而两翼直指长空，显得十分矫健有力。神兽的口、眼、耳、鼻、羽毛等处错有银线，身上的错银卷云纹千变万化，其背部还有蜷曲于云纹中的错银鸟纹，矫健的神兽充满了神秘的气息，有骁勇、喷张之美。

图8-17 错金银双翼神兽（收藏于河北博物院）

图8-18为错金银虎噬鹿屏风座，它是连接两扇屏风的插座，虎的颈部和臀部有两个以山羊面装饰的长方形銎口，用于插放屏风。虎弓身呈弯曲状，尾巴硬且长直，凶猛、雄健的老虎，正贪婪地将一只幼鹿送入血盆大口中，小鹿在虎口中无力地挣扎着，勾勒出大自然中的一瞬间，展现了老虎的强大凶猛与小鹿的柔弱无助，精准地表现了兽类在激烈搏斗中迸发出的冲击力量，呈现出春秋战国时期的文化特质。这个屏风座通体用错金银工艺手法呈现出斑斓的金纹和银丝卷云纹，增强了力量的华美与雄壮。

图8-18 错金银虎噬鹿铜屏风座
（收藏于河北博物院）

五、诚朴、飞扬的动物、植物与云彩

在动荡的春秋战国时期，人们进行着各种探索，其造型或敦实、端方，或奇异、灵动，或清健、恬静，无不彰显着春秋战国时期人们的诚朴与飞扬。

在表达人们对个性的尊重与张扬时，器物上同样使用了高浮雕的方法，但方式灵活多变，产生了更多的生活趣味性。图8-19为莲鹤方壶，其器身继承西周的造型，但壶颈两侧设龙形雕塑的双耳，壶四角各有一条向上攀爬的小龙，壶盖上并列两层莲瓣，中央立一鹤，作振翼欲飞、引颈欲鸣状。《诗经·小雅·鹤鸣》云"鹤鸣于九皋，声闻于天。"莲瓣与鹤的形象均具有高洁、桀骜之意，在大动荡的春秋战国时期是经典的造型（图8-20），通过雄浑大气的器型彰显着时代的自傲与华丽。

图8-21的方壶造型简练，棱角分明。壶盖上有四个镂空云形钮，壶腹两侧各有一个兽面衔环铺首，壶身四角各铸有一条神采飞扬的夔龙。图8-22的敦采用云形钮，整个器物似作飞翔状。用于器物之上的动物、植物、云彩等纹饰，通过浑厚的器身、向上飞腾的云钮展示了这一时期的人们对自由的向往。

图8-20　莲瓣盖龙纹壶（收藏于上海博物馆）

图8-21　夔龙饰铜方壶（收藏于河北博物院）

图8-19　莲鹤方壶（收藏于河南博物院）

图8-22　镶嵌几何纹敦（收藏于上海博物馆）

图 8-23 鹰首提梁铜壶（收藏于山东博物馆）

六、浮动、煞猛的瓦棱纹

图 8-23、图 8-24 采用瓦棱纹装饰器物的外形，盖部与兽首结合，质朴的造型表达着浮动、煞猛、灵活的风格。

七、诡异、浮动的蟠虺纹、蟠螭纹

蟠虺纹、蟠螭纹是以小龙或蛇之形构成几何图案的纹饰。图 8-25～图 8-28 是龙、虺、螭等进行变形或直接作为纹饰的器物。蟠螭纹由两条以上的小龙相互缠绕构成一个图案单元，通过横向和纵向的交错连接，构成较为复杂的装饰图案，龙的身躯相对较粗，表面或有几何形纹，结构多为 S 形或 C 形。龙头多为侧面，上唇翻卷，也有少数作正面的，还有作双头形的（图 8-28）。蟠虺纹为一种纠结盘绕的小蛇纹，结构与蟠螭纹相似，但躯体更为细小，头部仅为圈点，有些因头部和身躯过度简化，演变为由点和曲线组成的云气纹（图 8-26），纹样诡异。

图 8-24 瓦纹罍（收藏于山东博物馆）

图 8-25 龙纹铜罍（收藏于河北博物院）

图8-26 蟠螭纹铜瓿（收藏于河北博物院）

八、奔放、灵动的玉

如果说西周的玉表达了温柔敦厚，春秋战国时期的玉则呈现了龙飞凤舞。龙的题材被大量应用，龙与人们的生活越来越贴近，或飞翔在天空，身形矫健、飘逸、峻峭；或守护在人们身边，呈现出内敛、忠恕、恭敬之感；或陪伴人们，有活泼、轻灵、清澈的气象。图8-29～图8-33是以龙为题材的各种造型的玉，其风格矫健、洒脱、自由与奔放，可以让人感受到自信、奔放与灵动。

图8-29 龙凤饰（收藏于上海博物馆）

图8-27 虎钮青铜罍（收藏于中国国家博物馆）

图8-30 镂空龙纹璧（收藏于震旦博物馆）

图8-28 蟠螭纹鼓座（收藏于保利艺术博物馆）

图8-31 双夔纹出廓璧（收藏于震旦博物馆）

第八章 春秋战国风格与设计——春风华滋

图8-34为组玉佩,在①的组玉佩中,龙作为主角,尽显恣肆与率真,配以璧、璜上的谷纹,龙的奔腾与谷纹的稳健、规整结合,在温馨中呈现着随意与自由。

这是器物中的春秋战国,既有礼崩乐坏,又有百家争鸣;既有杀伐决断,又有新的生机与秩序。

图8-32 龙首谷纹珩(收藏于震旦博物馆)

图8-33 双首龙(①收藏于上海博物馆,②收藏于河北博物院)

图8-34 组玉佩(①、②收藏于震旦博物馆)

第九章

楚国风格与设计
——楚风浪漫

傲然　激越　绚丽　诡谲　秀逸　率性

"凤舞九天"是人们想象的景象,天有九重,那是多么宏阔的空间,而凤却能以矫健的身姿,鲜丽的羽翎,自由自在地飞舞。这就是楚国人贡献出来的浪漫。凤是什么?凤与龙一样,是祖先创设出来的形象,一个具有多种动物组合特征的神话动物,能够在九天飞舞的凤,被赋予种种伟大、神圣而美好的意义。

传说楚人是祝融的后代,"荆楚"之称从《诗·商·颂·殷武》中可查。楚人为周王室建国立下了功劳,被封为"子"爵,封于楚地,初始的封地面积为五十里。楚人在荆楚大地上开疆拓土,与周人、中原人、当地土著人等进行交流。历经八百多年,沃土千里,成为当时世界上拥有最大国土面积的国家,覆盖了今天的湖北、湖南、河南南部、安徽、江苏、江西、浙江、四川、云南等地。广袤的土地,丘陵起伏,江河湖泊纵横,气象万千。楚人在青铜冶炼、丝织刺绣、木竹漆器、美术音乐、老庄哲学及屈骚文学等方面的创造,给世人留下了宝贵的文化财富,人称"翘楚"。

老庄哲学是中国哲学的先驱,以老子、庄子为代表的道家,关注人们的个人生活,主张小国寡民、无为而治。老子在《道德经》中主张顺应自然的逻辑,庄子创造了宏伟、雄奇、怪诞的意境,庄周的散文奇诡莫测,变化无穷,气势浩荡,意象峥嵘。

《楚辞》是我国第一部浪漫主义诗集,也是楚国诗人屈原创造的一种诗体,其代表作《离骚》用离奇的想象力,构筑了各种各样的美好意象,浓烈的情感和奇特的楚辞体,展现了瑰丽奇异的风韵与色调,构建了一个神秘、奇丽、狂放、孤愤的世界;用"恶草"、"香草美人"的象征手法,表达对奸佞小人的痛恨,对理想君主的渴望,彰显了其异于浑浊俗世的高洁。屈原成为九死不悔的执著精神、上下求索的探索精神、独立不迁的人格精神、众醉独醒的个体精神等的象征。

"高山流水遇知音"是被传颂二千多年,发生在楚地的故事,出于《列子·汤问》。今天的汉阳古琴台记载了这样一件事:一位大臣俞伯牙与一位樵夫钟子期,因音乐相识、相知、相惜,结下了深厚的友谊,成为千古佳话。

楚人的创造深藏楚风神韵。图9-1为木雕虎座立凤,展翅的凤,高昂着头,彰显着"不鸣则已,一鸣惊人"的气质。图9-2是由圆雕群龙构成的建鼓座,十六条大龙分为两组,走向相反,身、首、尾还附着若干小龙,造型绚丽、诡谲。楚人的浪漫有傲然、激越、绚丽、诡谲、秀逸、率性的特质。

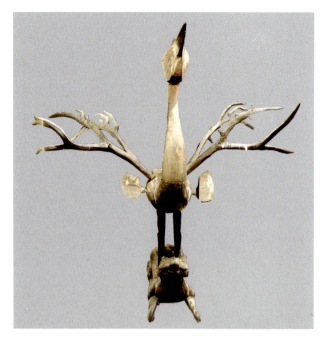

图9-1　木雕虎座立凤(收藏于荆州博物馆)

图9-2　曾侯乙建鼓座(收藏于湖北省博物馆)

一、威严、傲然的虎座凤鸟

图9-3是出土于曾侯乙墓中的编钟，全套编钟六十五件，每件钟均能奏出呈三度音阶的双音，全套钟十二个半音齐备，庞大的编钟群气势恢宏。

图9-4、图9-5为鼓。虎座凤鸟是常见的造型，有虎座鸟架和虎座立凤两类。鼓悬于两凤鸟之间，凤鸟有长长的颈，昂首屹立；尾翼短小且上举，双翅收于腹侧，有鲜丽、斑斓的羽翎。作为百兽之王的猛虎英武地蜷卧在凤鸟脚下，突出了凤鸣九天的威严和傲然。鼓类器物整体造型别致，颜色典雅，配以编钟、磬及舞者，一场宏大、磅礴、曼妙的演出展现在我们眼前，伴随着凤鸟与老虎翩翩起舞，这种张扬、奔放、欢腾与缤纷，让人们享受着生活中的绝艳。

另外一种凤鸟虎座造型（图9-1）是单体凤鸟虎座造型，也许是人们居家或朝堂上的装饰物。凤鸟同样有长长的颈部与腿部，昂首屹立，尾翼短小且上举，双翅作展开状，体态呈流线型，双足立于一只伏虎背上；凤鸟的背上插着一对枝桠张扬的角，使整体造型产生轻灵升腾的激越感，给欣赏者创造了一个无限辽阔的意象空间，呈现了浪漫神奇、傲然激越、飘逸灵动的内心世界。楚人使凤鸟具有神圣、吉祥与伟大的灵性。

楚人信巫，信仙，人们能驭龙（图9-6）巡弋于天地之间，集自由、浪漫、威严、狂放于一身。

图9-3 编钟（收藏于湖北省博物馆）

图9-4 虎座凤鸟漆木架鼓（收藏于荆州博物馆）

图9-5 虎座凤鸟悬鼓（收藏于湖北省博物馆）

二、飞扬、轩昂的护主兽

考古学家将有枝桠张扬角造型的"兽"命名为镇墓兽，如图9-7和图9-8。它起到了护主的作用。其横生的枝桠显示出张扬、霸道的力量。其造型下方多为方形底座，有稳定的作用。其底座侧面有手环，也许暗示了它们是可以移动的，张扬的犄角表达了威慑力与奔放的心情。

在护主兽的方形底座上有兽的造型，兽的造型各不相同。护主兽有双头背向的、有双头侧向的、有双头曲颈相连的，两只兽头雕成变形龙面，巨眼圆睁，长舌伸至颈部，双头各插一对巨型鹿角，鹿角权桠横生，枝节盘错，转侧变幻，意象极为奇异生动。通体髹黑漆后，彩绘兽面纹、勾连云纹、几何形方块及菱形纹等，显得神秘而魔幻，造型怪诞、壮观。这种在头部插着鹿角，且鹿角权桠横生，枝节盘错并不是鹿角的原生态，是经过人们意象设计加工的。这种伸展、张扬、轩昂的方式，虽然诡谲，却有着高贵、辽阔、飞扬的精彩。

图9-6 人物驭龙图（收藏于湖南省博物馆）

图9-7 镇墓兽（①收藏于南京博物院，②收藏于荆州博物馆）

三、奔放、华贵的神兽、神鸟、神人

楚国的文化体系中，巫是常常出现的题材。巫的出现是蒙昧时期各个民族都有的一种文化现象，楚人所创造的造型表达了对未知、对好奇的想象，具有奇幻、萌宠的方式。

图9-9为一镶嵌绿松石的神兽，身形似虎，头颈似龙，长舌头令人咋舌，更奇异的是其头顶所具有的犄角，似鹿角进行了变异。在它的背上还有一只跳跃的小兽，整体给人以威严、矫健、虚玄之感。

图9-10为漆豆，造型中朱雀用头、尾及双翅顶着圆形漆盘，两只爪子抓住一条盘成环状的蛇，扬颈，振翅，目视前方，喙内衔一颗椭圆形珠，显得峥嵘、瑰玮。整件漆器髹红黑两色，间有描金，色彩富丽华贵。

图9-11中的器物造型恢诡谲怪，整器由盘、座和底三部分构成，一条回首衔蛇蹲龙盘踞于方形圆角底板上作为底座与柄，以龙角、龙爪为支点托起圆形莲花口浅盘，其构造激烈、悲壮而又顽强。它通体黑漆为底，器表彩绘龙凤纹和卷云纹图案，髹土红、赭漆和土黄、中黄粉彩花纹，放诞而深旷。

图9-12为一羽人木雕作品，它长着人的身形，有着鸟的尾巴和爪子，腿上有羽毛的鳞状。羽人站在一只凤鸟头顶，而凤鸟立在蟾蜍底座之上。屈原在《楚辞·远游》中曰："仍羽人于丹丘兮，留不死之旧乡"。羽人被奉为天上的神灵，是仙人的代表，是长生不老的象征。蟾蜍是月亮之精，凤鸟是飞翔于天地之间的神鸟，三者合而为一，寄托楚人遨游九天，羽化成仙的愿望，呈现着高洁、奔放、华贵、深邃的风格。

图9-8　木雕双头镇墓兽（收藏于荆州博物馆）

图9-9　镶嵌绿松石神兽（收藏于河南省文物考古研究院）

图9-10　朱雀攫蛇漆豆（收藏于安徽博物院）

图9-11　彩绘龙凤纹漆豆（收藏于湖北省博物馆）

四、华丽、恣意的器物口沿、肩部等局部装饰

楚国器物在其口沿部、肩部采用了繁缛、细密、镂空的装饰手法，形成了似朵朵云彩叠置于器物表面的造型，让人感受到了华丽与恣意。

图9-13为铜尊盘，由尊与盘组成，其敞口都有宽厚的外沿并翻折下垂，采用透空的手法层叠玲珑剔透的蟠虺纹；口沿上附有四只方耳，也是蟠虺纹；在四耳之间还有攀爬的夔龙；尊盘口沿上的透空纹饰，分为高低两层，内外两圈，每圈有十六个花纹单位，装饰的表层纹饰互不关联，彼此独立，通过内部联接，立体镂空效果明显，呈现出美轮美奂的效果。

图9-14为楚鼎，与楚王好细腰的典故异曲同工，通过束腰倍显苗条，其腰部、口部均由浓密的蟠虺纹组成浮雕装饰图案，腰部六条攀附的龙形兽也采用了蟠虺纹，如此便多了几分劲健。图9-14①为王子午鼎，通高76厘米，口径66厘米，侈口、束腰、鼓腹、平底、三蹄形足。图9-15为漆豆，其盖顶及耳头部均雕刻着蟠虺纹。图9-16为铜盉，其提梁肩部、身肩部及盉嘴、盉盖采用了蟠虺纹的装饰手法。楚国器物中这种独特的装饰手法显得华丽、恣意（图9-17）。

图9-12　羽人（收藏于荆州博物馆）　　　　图9-13　铜尊盘（收藏于湖北省博物馆）

图 9-14　楚鼎（①收藏于河南博物院，②收藏于上海博物馆）

图 9-15　漆豆（收藏于湖北省博物馆）

图 9-16　铜盉（收藏于浙江省博物馆）

图 9-17　簋（收藏于安徽博物院）

图9-18、图9-19是楚国的方壶，其基本造型与春秋战国时期的其他国度类似，而装饰却有明显的楚人风格，其口沿处采用繁缛的蟠螭纹纹饰，或雕刻，或铸造；与底部的双虎座一起形成整体造型伟岸、英武的效果。

图 9-18　彩绘龙耳木雕漆方壶（收藏于湖北省博物馆）

图 9-19　龙耳虎足方壶（收藏于河南博物院）

五、祥瑞、圣洁的鹿

图9-20是四只鹿的造型，除①中的鹿有实用功能外，其余的是装饰物。鹿本有细长的腿，善奔跑与游泳，是非常灵动、超逸的动物；雄鹿才有鹿角，鹿角是雄鹿的武器，是争夺配偶、抢占地盘时用来保护自己与配偶的武器。这些以鹿为造型的器物四肢屈踞，作卧伏状。头生双角，昂首侧视。鹿的身形呈现出优雅、祥和的神态，表现出与世无争的娴雅、超然之姿。鹿身上饰有水滴纹、蟠螭纹等纹饰，纹饰简单、清新；头上的鹿角造型各异，但均是向上竖立，或纤丽、或雄放。当你凝视这些鹿时，感受到的是乖巧还是安宁？是否有一种自在，一种闲适在其中？

楚人塑造的鹿祥瑞、圣洁，是楚人心目中吉祥、神圣的象征。它的灵动与傲然成为人们欣赏的对象，可将它们摆放在厅堂或庙堂之中。图9-20中的①是一件乐器，在其身后一侧有一个圆盘，盘面饰有漩涡纹，敲击圆盘可以发出悦耳的声音。

图9-20 彩绘木雕卧鹿（①收藏于荆州博物馆，②、④收藏于湖北省博物馆，③收藏于南京博物院）

六、典雅、富丽的漆器

考古发现，河姆渡文化时期我国就有用漆、木制作出的木碗，而能观其全貌以欣赏其风格的则在楚国的器物中。这些保存完整的器物得益于江南温湿的气候。

漆器是指从漆树取下黏稠的液体，即生漆，熬制成熟漆后，涂在器物之上而获得的器物。其制作程序大致是用木、革、竹、麻布等制成胎坯，再髹漆、雕刻花纹，最后进行装饰。装饰主要有单色或多色的彩绘、镶嵌、贴金等。楚国漆器的色调以红、黑两色为主，器内壁涂朱红，显得明快、热烈；外髹饰黑色，显得沉寂、凝重；红黑对比，衬托出漆器的典雅和富丽。配以楚国纹饰与装饰手法，更显富丽、端庄。天然大漆被利用，其凝固在器物上之后所形成的保护膜有很强的防护功能：防水、耐热、耐酸碱腐蚀、无异味等功效，由于漆后颜色亮丽、鲜艳，故漆艺在实用与装饰方面都得到了发展。

图9-21～图9-24是实用器，即食器。图9-23为漆木盒，存放图9-24中的耳杯，是古代的碗柜。耳杯的双耳造型似鸟之羽翼，故又称为羽觞，有圆耳、方耳之别，耳杯的造型流传到魏晋时期，成为文人雅士举办"曲水流觞"活动的用具。

图9-21　漆豆（①、②收藏于荆州博物馆）

图9-22　漆奁画（收藏于湖北省博物馆）

图9-23 漆木酒具盒（收藏于湖北省博物馆）

图9-24 彩绘漆耳杯（①、②收藏于荆州博物馆，③、④收藏于湖南省博物馆）

七、玄怪、有趣的根雕

图9-25为根雕，楚人从自然之中发现着生活的趣味。雕件头呈蛇首状，昂扬向上，长足被雕成遒劲的兽蹄，足关节和侧躯干均有瑞兽图案，瑞兽双眼圆睁，似龙似虎，生机勃勃，集多种动物原形为一体，玄怪而有趣。

八、诡谲、飞扬的纹饰及绘画

图9-26是在浅黄绢上用线绣成的纹样，其原物线的颜色分别为红棕、土黄、浅黄三色，采用锁绣针法而成，为一凤二龙相蟠，凤鸟伸颈展翅，二龙对首，相蟠于凤身之上，龙凤一体，纹样诡谲、飞扬。图9-27为漆案上的彩绘漩涡纹，线条流畅、清秀，颜色富丽、华美。图9-22是一个漆奁圆盒外周围的画，可谓我国最早的无骨画了，潇洒摇曳。

九、狂放、洒脱的玉

图9-28展示了各种飞龙，呈现出楚人特有的浪漫，那是在广阔空间展开的想象与活动，龙的身形用极夸张的手法，狂放而又洒脱；其造型有巫的幻想与玄妙，但却不似商代文化时期的狞厉，彰显着妩媚与清奇。图中的龙形玉佩身形极度弯曲，其胸挺头昂尾紧凑，身形呈矫捷、洒脱、热烈之势，有多情中的恬适与高贵之感。

图9-25 彩绘木雕漆兽（收藏于湖北省博物馆）

图9-26 绢地龙凤相蟠纹绣（收藏于荆州博物馆）

图9-27 漆案上的彩绘旋涡纹（收藏于湖南省博物馆）

图9-28 龙形玉佩（①、②、⑥收藏于湖北省博物馆，③、④、⑤收藏于荆州博物馆）

十、劲健、优雅的座屏

"高山流水觅知音"的千古佳话羡煞多少人。琴瑟是乐器，古时人们席地而坐，要弹奏琴瑟须将其放在一个架子上方才能弹奏。据此，人们推测：图9-29中的彩绘木雕漆座屏为图9-30之类的彩漆瑟之座。图9-29的座屏以透雕、圆雕和浮雕相结合的手法，刻画了凤、鹿、龙、蛇等多种动物，各类动物生动地穿插交织在一起，充满活力与动感。图9-30的彩绘瑟端头用浮雕雕刻着蟠虺纹。无论是从尺寸上，还是从风格上讲，两者是极协调的。即使将这样的座屏放在今天的案几上、书桌上，也是极好的摆件。

图9-29①、②两座屏以奔跑的四只鹿、四只凤交织在一起构成的场景，以屏座中间划分，左右各雕刻着双鹿和凤鸟喙蛇；鹿、凤都高昂着头，纵跃着前腿，翘起了有力的后腿，呈现出鹿的灵敏与劲健、凤的艳丽与优雅。图9-29①与②的不同之处在于，后者座中间有一瑞兽，勇猛的瑞兽增添了飞动之感。屏框上还刻有凤鸟衔兽图案，屏座由盘绕纠结的龙与蛇组成，塑造了动物之间的互动，及互动所引发的勃勃生机，奇巧的方法创造了趣味。

图9-29③的座屏框内有八只凤鸟，四大四小，每只鸟嘴中噙着蛇，神态深沉，其腿用力地压着蛇头，其翼向后用力，以保持身形向前奔腾的状态。构图巧妙，在虚幻中感受到真实的力量较量与空间的张力。图9-29④的座屏框内为四条龙的造型，通过强烈弯曲的身躯，彰显龙的强劲，屏座底面上的云纹又带来了秀丽的舒展，在一动一静之间，呈现着楚国的浪漫。

图9-29　彩绘木雕漆座屏（①、②收藏于湖北省博物馆，③、④收藏于荆州博物馆）

图9-30　彩漆瑟（收藏于湖北省博物馆）

第十章

秦朝风格与设计
——秦风雄骏

豪迈　雄浑　彪悍　肃穆　简朴　畅达

图10-1　铜车马（收藏于秦始皇兵马俑博物馆）

20世纪70年代，人们在陕西临潼发现了秦兵马俑，它的重现震惊了世界。以往人们只能从文字上认识的秦朝，被鲜活的兵马俑激活。关于秦朝，文字中出现频率较多的词语是：残暴、豺狼、横扫六合、焚书坑儒等。兵马俑的出现让人们有了新的思考空间与角度：秦国的军队如此威武、壮阔，在严酷的"争霸"年代体现出来的是雄浑、豪迈的气概，是"勇于公战"，而不是"私斗"，"公"的意识透过兵马俑的军阵展现着它存在的方式与方法。

秦是古代嬴姓人的称谓，传说舜"赐姓嬴氏"于秦人。秦人祖先伯益曾帮禹治水，帮商人灭夏，与殷商属于近族。在周灭殷商之时，秦人被迁至甘肃天水一带，从此活动于甘肃东部与陕西西部。在周王室迁都雒邑（今河南洛阳附近）时，帮助了周王室的秦人被封侯建国。秦国的起源、发展、崛起、统一华夏，历经近六百年。

秦人为做到"强大、争霸"，秉持开放包容的态度，广纳各国人才，采纳法家主张，建立各项制度，通过法律制度的方式发展经济、建国强兵。先后有商鞅、李斯、韩非子等法家代表人物在秦国得到当政者有力的支持。秦人修建都江堰、郑国渠，消除成都平原水患，改善关中土质，得良田几万亩，有效地发展了经济。上海博物馆馆藏"商鞅方升"上的铭文记载着这件历经百年的计量器一直被遵守与使用，正是"商鞅虽死，秦法不灭"，使秦国走上了发展壮大的道路。

唐李白诗《古风》曰："秦王扫六合，虎视何雄哉！挥剑决浮云，诸侯尽西来。明断自天启，大略驾雄才。"威武雄壮的铜车马（图10-1）与宛如利箭般的瓦当纹样（图10-2），让我们看到了宏阔四海、巍然挺拔、俯视苍穹、勇往直前的秦始皇与秦国。

图 10-2 瓦当（收藏于中国国家博物馆）

自秦始皇始（公元前 221 年），中国创立了皇帝制度。秦始皇围绕着国家开创了一系列有效的管理措施，确立了中央集权的郡县制；郡县的长官由中央任免，保证了地方对中央的服从；书同文、车同轨；统一了货币与度量衡；修筑了防御北方外族的万里长城、联通全国各地的秦直道等。喜大的秦人，在建筑、陵墓、雕塑等方面表现得尤为突出，在秦始皇吞并六国时达到了最高点，显现出令人难以想象的宏大气魄。

秦人是质朴、古拙的。《诗经·秦风》中，《秦风·无衣》《秦风·蒹葭》，没有楚人的浪漫主义，呈现了秦人的现实主义。《吕氏春秋》是一部大百科全书。在秦朝，政治问题基本以军事方式来解决，秦人奉献了一往无前、不可阻挡的真实和力量，秦风雄骏，有着豪迈、雄浑、彪悍、肃穆、简朴、畅达等构成元素。

一、沉稳、智慧的将军

图 10-3 为将军俑，此俑身高 1.95 米，留胡须，面容肃然；头戴双卷尾鹖冠，脚蹬方口齐头翘尖履，身着双层长襦，外披鱼鳞甲，肩及胸前系有璎络，双肩有披膊；双手按剑，目视前方，眼眸深邃；整个造型沉稳、魁梧，让我们看到一个自信、沉稳、智慧的形象。

图 10-4 为兵马俑一号坑，东西长 230 米，南北宽 72 米，让后人看到了一个壮阔的军阵。图 10-5 是出土的秦俑，展示了人们的衣着及精神状态，如同《诗经·秦风·无衣》中所描述的那样。

图 10-3 将军俑（收藏于秦始皇兵马俑博物馆）

图10-4　秦兵马俑一号坑（收藏于秦始皇兵马俑博物馆）

图10-5　兵俑（陕西历史博物馆）

第十章　秦朝风格与设计——秦风雄骏

《诗经·秦风》

无衣

岂曰无衣？与子同袍。王于兴师，修我戈矛，与子同仇！

岂曰无衣？与子同泽。王于兴师，修我矛戟，与子偕作！

岂曰无衣？与子同裳。王于兴师，修我甲兵，与子偕行！

二、清朗、锋锐的兵士

图10-6为跪射俑，从造型上看，他们头绾发髻，身着战袍，外披铠甲，右膝着地、左腿蹲曲，臀贴足跟。这是备好弓箭将要放射的弓箭手的姿势，其身形锋锐、清朗，目光坚定，是秦人"忘生轻死"的形象。图10-7选取了四个秦俑的"标准像"，有的清秀，有的从容，有的忠厚，有的严肃，神态各异，从他们的脸型、眉形、眼形、鼻形、嘴形、耳形等的塑造，使我们看到了惟妙惟肖、栩栩如生的秦代写实风格。

图10-6　跪射俑（收藏于秦始皇兵马俑博物馆）

图10-7 兵俑（收藏于秦始皇兵马俑博物馆和陕西历史博物馆）

三、生蹭、强悍的虎、蛇

图10-8、图10-9中的动物应是生活中的用品或装饰品。图10-8为青铜鎏金虎噬羊底座,造型粗壮、魁梧、憨厚,虎匍匐在地,全神贯注。图10-9是由两条青铜龙构成的建鼓底座,青铜龙双目圆睁,呈现出萌稚的憨态;两龙身体纽结、穿插,身形的造型强壮有力,身躯用鳞纹装饰,鳞片末端翘起,龙的强悍与威武活灵活现。

图10-8　青铜鎏金虎噬羊底座(收藏于甘肃省博物馆)

图10-9　青铜龙(收藏于陕西历史博物馆)

四、宏大、舒展的乐器

图10-10为秦国演奏时的乐器"镈",造型雄壮、魁梧,纹样粗犷、威猛。图10-11为调音用的钟,上标有"乐府"二字,"一锤定音"的成语即因它而成,造型洗练、精干,纹路简洁、舒展,将精细与粗犷、质朴与奔放进行了很好的协调。

在易水河畔,燕国太子丹送荆轲上路去刺杀秦王,荆轲的好友高渐离击"筑"(竹制乐器),荆轲和着节拍吟唱"风萧萧兮易水寒,壮士一去兮不复还"。金戈铁马的时代,可谓悲壮、锋锐。在进入秦宫殿的路上,与荆轲同去的秦舞阳见到秦国巍峨的宫殿,在其台阶前竟然吓得色变,可见秦国的宫廷是何等壮阔,那是要放得下一排排秦公镈的宫殿。

五、桀骜、坚定的秦砖秦瓦

图10-12为秦瓦当,又称为檐当,是古建筑覆盖檐头筒瓦前端的遮挡。秦瓦当直径72厘米,可见宫殿的恢宏。图10-12中的瓦当纹饰为夔纹,结合了水涡纹,线条耿直,棱角分明且尖锐,透过水纹的华丽、夔纹的威严,呈现出秦风中的桀骜、坚定与冷峻。

图10-10 秦公镈(收藏于宝鸡青铜器博物馆)

图10-11 乐府钟(来自《中国音乐文物大系·陕西卷》)

图10-13为兽面纹盾形金饰片。图10-14为秦空心地砖,是秦宫殿踏步台阶使用的砖。它具有体轻、省料、防潮、隔音等效果,质地紧密,结构紧凑,制作规整;纹饰简洁耿直,表面纹饰采用单元循环的几何纹,显得肃穆、朴拙。秦人喜大,其建筑宏大、桀骜、坚定。秦砖秦瓦,与之相适应的是质朴与淡然,反之则是悲壮与凛然。

秦的器物及建筑的造型体量宏大,线条规整,锋芒尖锐,细节严谨;一个高度军事化、政治化的风貌,呈现了一个恢宏、雄阔、刚劲的秦国。

图10-12 夔纹瓦当(收藏于西安秦砖汉瓦博物馆)

图10-13 兽面纹盾形金饰片(收藏于甘肃省博物馆)

图10-14 地砖(收藏于咸阳博物院)

六、稳健、朴拙的日常用具

图10-15～图10-17为秦人日常用具,这些器物的造型和纹饰都比较规整、严谨,彰显着稳健与朴拙。

图10-15为鼎形铜灯,开启时高30.2厘米,收合时高为16.7厘米,收合后为三足圆鼎,内盛燃灯时所用的油料,撑起时鼎盖即成为灯盏,构造简单,装饰简洁,使用方便。图10-16为壶,纹饰也有春秋时期流行的莲瓣装饰,但与其他诸侯国相比,此壶显得严正、诚朴、耿直。

秦护送周王室到东周洛阳后,承袭了西周原来的土地。秦人所塑造的器物中,有周人对秦人的影响,也有秦人的创造;装饰纹中有周人的对称、规整、严肃,也有秦人的质朴与粗涩。图10-17中器物上的蟠螭纹,线条规整、严谨。图10-18为石鼓(仿),其上有铭文,人称石鼓文,字形稳健、朴拙。它在唐朝时就被人发现,后被宋王室收藏,金人掳去后丢弃,历经沧桑,原物现存于故宫博物院。

图10-15　鼎形铜灯(收藏于甘肃省博物馆)

图10-16　莲花壶(收藏于陕西历史博物馆)

图10-17　蟠螭纹方壶和蟠螭纹方甗(收藏于宝鸡青铜器博物馆)

图10-18 石鼓(仿收藏于宝鸡石鼓阁)

七、闲适、恬淡的装饰物

在雄浑的秦风中,可以很容易感受到豪迈、雄骏、彪悍、肃穆,忽然出现《秦风·蒹葭》这样一篇清新、婉转的抒情诗,说明秦人也有恬静、烂漫的一面。蒹是没长穗的芦苇,葭是初生的芦苇,在陕西合阳洽川,广袤的黄河滩上,芦苇茂密,行走在芦苇丛中,就会体会到如《蒹葭》般的惆怅,或许是如图10-19中的小鹿一般,随着芦苇的摇曳,轻松、闲适地奔跳其间。这样的生活与金戈铁马的战场相去甚远,或许是为了这样的生活,秦人才义无反顾、无所畏惧地走向战场。

图10-19 瓦当(①收藏于故宫博物院,②收藏于陕西历史博物馆,③收藏于咸阳博物院,④、⑤收藏于西安秦砖汉瓦博物馆,⑥收藏于宝鸡青铜器博物馆)

秦人的瓦当中常常用动物纹饰，以鹿为多，与楚国的鹿造型相比，鹿双腿的力道与跨度、身体肌肉收缩的状态、鹿头与鹿身之间的角度等明显不同，秦人的鹿闲适恬淡，楚人的鹿浓烈浪漫。

图10-20、图10-21为秦始皇陪葬的青铜禽，共出土铜鹤六件，天鹅二十件，还有鸿雁。这些珍禽与鹿一样，造型沉静、舒展、安静。秦人的写实风格为我们提供了当时社会不同场景下的状态，日常生活中的简单、平和、淳朴、实诚，战时的豪迈、雄骏与彪悍。

图10-20　青铜鸿雁（收藏于秦始皇帝陵博物院）

图10-21　青铜鹤（收藏于陕西历史博物馆）

第十一章

汉朝风格与设计
——汉风优雅

昂扬　雄健　优美　闳丽　遒秀　从容

汉朝是有特殊标志的朝代，"汉"成为生活在这片土地上绝大多数人所拥有的民族称呼。

公元前202年，汉高祖刘邦称帝，建立汉朝，史称西汉，都城为长安（今西安）。公元8年，王莽称帝，改国号为新，西汉存续210年；公元23年，王莽被杀，恢复刘姓统治，建都洛阳，史称后汉或东汉，计195年。汉朝从汉武帝开始采用皇帝年号纪元，从此，各王朝每一任新皇帝登基都会改为"元年"。皇帝一生有只用一个年号的，如崇祯、乾隆皇帝；也有用多个年号的，如汉武帝就有十一个年号。人们认为改变年号，如五行轮替，改变一次年号如同开始新的天命。

汉承秦制，汉代的管理继承了秦代精神，为儒表法里，在思想上从秦的"法"制至上，逐渐走向"独尊儒术"的兼容发展之路。淮南王刘安集数千名"俊伟之士"的智慧著《淮南子》，凝聚了哲学、文学、音乐、自然科学等众多领域的成果，以"道"为核心，按照"自然之势"和人类自身及社会规律办事的思想，蕴含着"道"的超逸与自由，文采瑰丽神奇、浪漫华美，构思雄浑博大、绚丽多彩。

董仲舒提出天人感应、君权神授的思想，建立了一套以君臣观为基础的社会关系。察举制度是汉武帝以后汉朝为吸引人才而建立的制度，各地官员定期推荐人才，推荐的名义有孝廉、方正、孝悌、力田等，或另有特长。这些人通过考试后，在地方或朝中官署学习与任用。定期察举制是文官系统的基础，各地人才得以在全国流转，各地信息也得到了流转与汇集，成为继秦汉交通网络之后，建立的全国性人才资源网络与信息资源网络。通过交通网、信息网、人才网等，将幅员辽阔的帝国进一步凝聚为整体。

汉朝为加强与周边的往来，产生了卫青、霍去病、李广、班超等一批开疆扩土、保家卫国的名将，霍去病的"匈奴未灭，何以为家？"陈汤的"犯强汉者，虽远必诛"等，成为一个国家坚定与自信的最强音。

丝绸之路的开拓，在与西方文明进行交流的同时，展现了以张骞为代表的汉代人勇于探索、坚韧、顽强的品格。这种品格特征通过司马迁《史记》的完成再一次得到了印证。这部巨著的创作过程是忍辱负重的，结果是梳理了从轩辕黄帝开始的一个民族的文化基因，以昂扬、雄健的姿态，展现了闳丽、遒秀的壮举。在这个时期内，蔡伦发明的纸张让文明传播的方式更方便、更快捷，张衡发明的地动仪以科学的方式理解着自然现象，许慎的《说文解字》开创了部首检字的先河，开启文字上承载文化基因的方式，洛阳的"白马寺"成为了佛教传入中国的标志。

乐府诗与汉赋是这个时代文学的绝唱。传说周代形成的《诗经》经由"采诗制度"，而秦钟上出现了"乐府"两字。汉武帝始，有了明确的"乐府"记载，这个机构掌管着帝国的音乐，其功能是采集诗歌，制定乐谱。从现存的汉赋与诗中，可以感受到汉代飞扬的气度，铿锵的脚步；如同魏晋刘勰在《文心雕龙》中说"张衡《二京》，挺拔以宏富"；"延寿《灵光》，含飞动之势。"汉代的优雅（图11-1）具有昂扬、雄健、优美、闳丽、遒秀与从容之美。

一、温柔、敦厚的汉人

图11-2～图11-4是汉代人像雕塑，显现着正人君子、温柔敦厚等儒家倡导的言行状态。以图11-2为例，男士正襟危坐，表情肃穆，长眉短须，束发于脑后，干净利落。图11-3是男士头部的造型，宽阔的眉宇、挺直的鼻梁、微闭的嘴，透出了男人的沉宁、高洁与稳重。图11-4中女士的脸形被称为鸭蛋形，轮廓圆顺、平和；弯弯的长眉，或者说柳眉下有一对凤眼，眉宇间气质端凝；敦圆的鼻形被认为是福气与财气的象征，透露出温良与安详；双手胸前交拢，身形端正、雍容、恭谨；目光淡定宁静，衣着素朴，彰显着自信、平和与温润。

图11-5为汉代铜镜，目前最早的铜镜应是商代妇好墓出土的，汉代镜子工艺成熟，主题思想明确，构图规整、温婉，对称而有规律的图案与人物塑像一样，呈现出精致、简洁、纯朴、沉静之美。

图11-1 马踏飞燕及其车队（收藏于甘肃省博物馆）

图11-2 玉人（收藏于河北博物院）

图11-3 玉人头（收藏于咸阳博物院）

图11-4 女俑（①、②收藏于陕西历史博物馆，③、④收藏于汉景帝阳陵博物院，⑤、⑥收藏于故宫博物院）

图11-5 铜镜（①收藏于徐州博物馆，②收藏于宝鸡青铜器博物馆）

二、昂扬、雄健的马

"马踏飞燕"是中国旅游标志的原型（图11-1）。在汉代文物中可以看到许许多多马的身影，图11-6～图11-10均是汉代马的影像，有壁画的、画像砖的、红陶的、玉雕的、青铜器的等多种样式，所有这些样式，反映了汉代人对马的喜爱与欣赏。

图11-6　出行图（①收藏于洛阳古墓博物馆，②收藏于西安曲江艺术博物馆，③收藏于重庆中国三峡博物馆，④收藏于山东博物馆）

图 11-7 驾车俑（收藏于震旦博物馆）

图 11-8 马拉车（收藏于汉东博物馆）

汉代开国皇帝刘邦的《大风歌》："大风起兮云飞扬，威加海内兮归故乡。安得猛士兮守四方。"描述了帝王面对风云变幻的环境，满怀豪迈激情，具有大地任由我纵横驰骋的气概。这首诗有助于后人去理解、赏析汉代留下的骏马形象，感受汉代的昂扬与雄健。

图11-6描述了人们出行的画面，或郊游、或狩猎、或巡视，无论是一匹马，还是一群马，马的四蹄呈奔跑状，展现出与地面较少接触的腾空状态。如"马踏飞燕"中的造型一样，仅仅是一蹄落地，马的昂扬、雄健就得以呈现。这些马身姿矫健，有着雄厚的胸部，结实的臀部，有力的腿部，健美的肌肉，飞扬的鬃毛、流动的身姿。无论马头是高昂还是低垂，都呈嘶鸣状，透射出神秘和高贵，充满了力量与自信。

图11-7～图11-10为雕塑或雕刻而成的马，很好地把握了马的结构，四蹄落地，通过腿弯曲的程度，我们看到了闲散清俊的马，神武刚劲的马，超然飘逸的马，遒劲厚重的马。秦代与汉代的马都具有大气、磅礴的气质，但秦马质朴、古拙，汉马温婉、俊逸。

图 11-9 玉仙人奔马（收藏于咸阳博物院）

图 11-10 青铜骑士俑（收藏于南越王宫博物馆）

第十一章 汉朝风格与设计——汉风优雅

三、雄浑、纤魅的博山炉

图11-11为博山炉,也称熏炉,是人们燃香的用具。其嶙峋的山头形盖子,云纹缥缈;当炉中香料燃起时,淡淡薄烟升腾旋绕,使层层叠叠的造型表面浮动着轻微的烟岚,完美地将雄浑、厚重与绰约、纤魅结合,产生了飘洒与欢快之感。

四、刚健、神武的神兽

图11-12为汉代神兽,现在称之为辟邪。这是创造出来的一个形象,它是人们抵御邪恶、恐怖等势力的精神诉求。它强健的身躯匍匐着,刚劲的四肢弯曲着,紧收两翼,高昂着头,形成一副随时准备出击的姿态。世界对于人类来说,未知的东西永远比已知的多,对于未知东西的描述、想象与应对,随着科学技术的发展而越来越理性,这也是汉代人们探索与呈现的方式。神兽以勇猛、刚健、神武的造型,被人们或置于大门外护家护院,或置于床边护身,以求宁静与安宁,或置于案桌上佑护神思翱翔。通过神兽的造型,可以看到在历史的发展过程中,器物的名称、形象、寓意等都在不断地发生着变化,祖先们不断地创造着适宜于环境的意象。

图11-11　博山炉(①收藏于陕西历史博物馆,②收藏于河北博物院)

图11-12 神兽（①收藏于河北博物院，②收藏于南京博物院，③收藏于洛阳博物馆，④、⑤收藏于震旦博物馆，⑥收藏于咸阳博物院）

第十一章 汉朝风格与设计——汉风优雅 125

五、飘曳、飞扬的龙凤

图11-13、图11-14为玉璧，图11-15为当卢，是马前额的装饰品，图11-16、图11-17为日常灯具，图11-18为饮酒的玉杯，图11-19、图11-20为随身玉佩。这些器物上都有龙与凤的纹样，龙凤是自在、优雅的造型。在前面章节中也有许多龙凤，但那时的龙凤只表现出被人们敬重甚至敬畏。这些器物上的龙凤既有敬重的成分，也有被羡慕的成分。无论器物是何种材质及用途，其造型线条，装饰线条，都更加平滑、圆顺、流畅、飘逸、飞扬，这是汉代优雅风格的基础，尽显汉代的洒脱与闳丽。

图11-13 龙凤纹谷纹璧（收藏于震旦博物馆）

图11-15 当卢（①、③收藏于江西省文物考古研究所，②来源于山东博物院）

图11-14 双龙谷纹璧（收藏于河北博物院）

图11-16 龟托凤鸟铜灯（收藏于安徽博物院）

图11-17　鎏金铜鹿灯（收藏于南京博物院）

图11-18　犀角形玉杯（收藏于西汉南越王博物院）

图11-19　龙形佩（收藏于震旦博物馆）

图11-20　龙凤纹佩（收藏于震旦博物馆）

六、轻盈、飘洒的乐舞

图11-21～图11-24展示了汉代舞蹈表演的场景。汉代的乐舞表演常常是舞蹈、杂技、音乐、体育、幻术、舞剧等多种形式综合的演出（图11-24），也有只是舞蹈或演唱类的单一形式的演出。

图11-21　玉舞人（①收藏于江西省文物考古研究所，②收藏于西汉南越王博物馆，③收藏于震旦博物馆）

图11-22　乐舞（①收藏于徐州博物馆，②、③收藏于四川博物院）

汉代的舞种有：长袖舞、巾舞、建鼓舞、盘鼓舞、鞞舞、夯杵舞、武舞、傩舞、灵星舞等。这些舞者有着婀娜的身形，凌空飞舞的长袖，袅袅细腰。汉代傅毅在《舞赋》中对舞蹈的描述是：若俯若仰，若来若往；罗衣从风，长袖交横；绰约闲靡，机迅体轻；气若浮云，志若秋霜；游心无垠，远思长想（图11-21、图11-22）。通过舞蹈，呈现了汉代那种轻盈飞扬，飘洒昂扬，飘然欲仙的心灵。

伴奏乐手们（图11-23）由衷的快乐充满了感染力。这些器物通过精准的写实手法渲染着情绪，高高抬起的脚，微微翘起的嘴唇，端正的肩形，表达的正是汉代明媚而又绚丽的生活。

图11-23　乐人（①收藏于中国国家博物馆，②收藏于震旦博物馆）

图11-24　平索戏车车骑出行画像砖（收藏于中国国家博物馆）

七、醇厚、温情的生活用品

图 11-25～图 11-28 为生活中所用的灯，类似于今天的台灯、落地灯等。古人照明是将蜡或油作为燃料的，燃烧后会产生烟灰，这里看到的灯则可以让袅袅青烟顺着与灯罩顶相连的管子，如动物角、人的手袖、雁嘴等，进入器物体内，方便清理烟灰。这些人们生活中的器物，造型温良、朴实，无论是人头与面部的构造，还是动物头与面部的构造，都非常沉宁、深厚，圆润、朴实，敦厚的脸、手、腿、身子、管子等部位，都透着醇厚、康健与温情。

图 11-25　铜牛灯（收藏于南京博物院）

图 11-27　长信宫灯（收藏于河北博物院）

图 11-26　错银铜牛灯（收藏于南京博物院）　　图 11-28　雁灯（收藏于中国国家博物馆）

图11-29　鹿形镇（收藏于江西省文物考古研究所）

图11-30　青铜雁形（收藏于江西省文物考古研究所）

图11-29、图11-30为镇子，汉代人席地而坐，以编织的席子划分座位，为防止席子滑动，人们设计出镇子。这两个镇子的造型不同于春秋战国时期的文化特质，高昂的鹿头、飞动的鹿角呈现出飘动、逸致之美，回首小憩的雁呈现出恬淡、沉静之美。

八、淡远、醇厚的画像砖

画像砖起源于战国，盛行于两汉。画像砖的表面画像是经多个印模压印而成的。其内容常常为日常生活中的所见所闻，线条简洁、流畅、生动，具有很好的情景说明与故事叙述功能。

图11-31～图11-33的左边为画像砖，右边为砖上拓印的画面。这些日常生活的画面，正如汉张衡在《归田赋》中所描述的田园："于是仲春令月，时和气清；原阳郁茂，百草滋荣。王雎鼓翼，仓庚哀鸣；交颈颉颃，关关嘤嘤。于焉逍遥，聊以娱情。尔乃龙吟方泽，虎啸山丘。仰飞纤缴，俯钓长流。触矢而毙，贪饵吞钩。落云间之逸禽，悬渊沉之鲨鳎。"这篇千古名赋与画像砖共同呈现了汉人生活中淡远、平实、醇厚、激昂的生活场景。

图11-31　射收获画像砖（收藏于重庆中国三峡博物馆）

图11-32　盐井画像砖（收藏于重庆中国三峡博物馆）

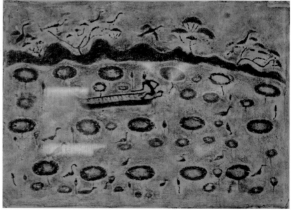

图11-33　采莲画像砖（收藏于重庆中国三峡博物馆）

图 11-34 ~ 图 11-36 是人们的居所,有阙楼、庭院与房屋。图 11-36①为画像砖,②为其拓片。在建筑结构中很好地处理了恢宏与宁静、轩昂与温润之间的关系。

图 11-34 凤阙（收藏于四川博物院）

图 11-35 宅院（收藏于中国国家博物馆）

图 11-36 甲第画像砖（收藏于重庆中国三峡博物馆）

九、激越、优雅的滇国

与汉同时期，在云南有一个国名为"滇"的小国，其国王的印是由汉帝颁发的。图11-37～图11-43中，无论是人，还是动物，都有一种喷张的力量，这种力量透过人体夸张的动作、动物紧张的肌肉、伸张的角或张开的翅膀来呈现。这种力量中混合了凄厉与悲壮，从而产生了激越与优雅之感。图11-37和图11-38是贮贝器，在器身上有威猛的老虎，也有清逸的鹿，在器物盖上塑有被作为狩猎对象的牛、优雅的骑士。图11-39和图11-40中的两只鹿、两只鸟，脚下都各有一条高昂着头的蛇，营造了一种冲突中的温情：优雅与苍劲、飘渺与劲利。图11-41中的器物表现了温顺的牛所具有的倔强与顽强。图11-42和图11-43呈现出人们简单、淳朴的欢快。

图11-38　四牛鎏金骑士贮贝器
（收藏于云南省博物馆）

图11-37　狩猎场面铜贮贝器（收藏于云南省博物馆）

图11-39　两鹿践蛇铜斧（收藏于云南省博物馆）

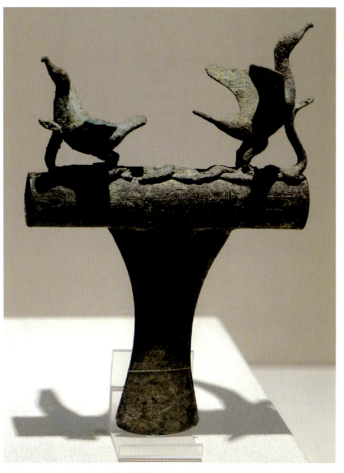

图11-40 两鸟践蛇铜斧（收藏于云南省博物馆）

图11-41 牛头铜扣饰
（收藏于云南省博物馆）

图11-42 鎏金四人舞俑青铜扣饰（收藏于中国国家博物馆）

图11-43 鎏金二人盘舞铜扣饰
（收藏于云南省博物馆）

第十二章

魏晋风格与设计
——魏晋风度

俊逸　飘纵　清朗　俪采　虚静　轻靡

公元220年～589年，史称魏晋南北朝时期。可分为三国，即曹魏、蜀汉与孙吴，公元220年～280年；西晋，公元265年～317年；东晋，公元317年～420年；十六国，公元304年～439年；南朝，公元420年～589年；北朝，公元386年～581年。随着隋朝的建立（公元581年）而结束。

这一时期政权频繁更迭，社会处于割据和连绵的战争中。面对严酷的生存环境，面对生命的价值，形成了建安文学、魏晋风度与玄学。从此，个人存在的价值方式、社会公器存在的价值方式，以及两者共同存在的价值方式成为这个民族探索的内容。

曹操时期实施"屯田制"与"唯才是举"。"屯田制"安抚百姓，"唯才是举"使曹操"谋臣如云，猛将如雨"。曹丕为获得世家大族的支持，采用了陈群提出的"九品中正制"，这是根据地方官员的评定来选拔人才的方式，评定的依据主要有三个方面：家世、行状（能力、品德、外貌）、定品，将人才从下下到上上分为九个品级，授予相应的官位，最终形成了"上品无寒士，下品无世家"的门阀制度。

"建安文学"是以汉献帝的年号命名的，以"三曹"（曹操、曹丕、曹植）和"七子"（孔融、陈琳、王粲、徐干、阮瑀、应玚和刘桢）为代表，他们专注于人生的悲欢离合、日常琐事；不论功名，多议儿女私情。他们不仅创作了一批影响后世的文学作品，而且影响了其他艺术门类。如曹操苍凉大气的《短歌行》《薤露行》等，曹植的《洛神赋》、陶渊明的《桃花源记》、顾恺之的《洛神赋图》、王羲之的《兰亭序》等。这个时期还产生了品评或品藻作品的文集，如曹丕的《典论·论文》、钟嵘的《诗品》、刘勰的《文心雕龙》、萧统的《昭明文选》、刘劭的《人物志》、谢赫的《古画品录》等，提出了对人、对画的品鉴方式与方法。

骈文和乐府诗是这一时期典型的文学样式。骈文也称作骈体文、骈俪文和骈偶文，大部分采用四字、六字对偶句，对仗工整、词藻华丽、音律悦耳，如《哀江南赋序》等。乐府诗承袭秦汉，格式自由，以抒情为主。

东汉的今文经学和谶纬神学得到了发展，人们喜欢清谈，使玄学逐渐兴起，呈现出荒芜与空虚景象；范缜的《神灭论》提出了"形""神"一体的观点。魏晋风格有俊逸、飘纵、清朗、俪采、虚静、轻靡等特征。

一、清朗、飘纵的人们

刘劭的《人物志》、刘义庆的《世说新语》中，呈现了一些人物及"名士"评判的内容，为"君王"选择臣子，为朋友交往提供理论依据，这应该是最早的人才研究了。理论上来说，这时的"人才"观是多样的，含有对人的"神气"（神明）、人的风度仪表的欣赏。结合图12-1～图12-5中的人物，有人说嵇康"身长七尺八寸，风姿特秀"；"萧萧肃肃，爽朗清举"；"岩岩若孤松之独立"。有人说王羲之"飘如游云，矫如惊龙"。而王羲之论谢万"在山林湖沼中，独自显出遒劲。"这些对人物的描述，既彰显人物的个性，又展示着他们的理想境界。

魏晋时，无论男女塑像（图12-6～图12-11），都呈现出这种悠然自得的微笑，在艰难的世道中存有如此心性，足见当时人们在面对艰辛时的坦然与超脱。

图12-1　北齐文吏
（收藏于徐州博物馆）

图12-2 北齐门吏（收藏于河北博物院）

图12-3 北齐男俑（收藏于洛阳博物馆）

图12-4 北齐女俑（收藏于洛阳博物馆）

图12-5 乐人（①、②收藏于洛阳博物馆，③收藏于震旦博物馆）

图12-6 南朝男人（收藏于六朝博物馆）

图12-7　南朝女人（①收藏于六朝博物馆，②收藏于南京市博物馆，③收藏于南京博物院）

图12-8　北齐胡人舞人　　　　图12-9　南朝侍女　　　　图12-10　北齐男士
（收藏于山西博物院）　　　（收藏于南京博物院）　　　（收藏于河北博物院）

图12-11　北魏女乐（收藏于震旦博物馆）

南北朝时期文物中看到的男性面如凝脂，眼如点漆；身形颀长、清瘦、匀称，面带微笑，衣纹呈垂直状；具有肤白体长、风姿清俊、宁静含蓄之貌，观之有典雅、清秀、端丽之感。男士的头顶之上常有冠帽，种类有小冠、笼冠、幞头、帻、帽等。

女性则用假发做高髻，有灵蛇髻、飞天髻、丫髻、蝉鬓等。女子衣裙线条流畅，简洁端庄，面部沉静、恬美，呈现出悠然自得的微笑。

二、飘纵、孤绝、悲壮的竹林七贤

竹林七贤是阮籍、嵇康、山涛、刘伶、阮咸、向秀、王戎，他们常常聚集于竹林之下，恣意喝酒畅谈。图12-12是描绘竹林七贤的砖画，人物造型或淡然、俊逸，呈现出简练的风格；或恣意、放浪，呈现出衣袂飘飘，线条飞扬之感。在动静之间，不管是淡然、俊逸，还是恣意、放浪，他们的行为语言都呈现出魏晋时期特有的旷达与飞扬的风度。以嵇康为例，在《世说新语》中描述其年轻时傲世，不为物用，上不臣天子，下不事王侯；晋文王要杀他，临刑时，嵇康让人取来琴，弹了一曲《广陵散》。他们对生活的热爱，对生命的珍惜，使得他们寄情于山水之间，不拘礼法，任性自然，饱含着飘纵、孤绝与悲壮的魏晋风度。

玄学、清谈成为时尚，图12-13表达了仙人骑兽欲飞身上天的场景，在现实与理想、现实与虚幻之间，魏晋人进行了思考。图12-14为顾恺之依据曹植《洛神赋》而画的《洛神赋图》，文与画都作为名作流传至今，《洛神赋》中的"其形也，翩若惊鸿，婉若游龙。荣曜秋菊，华茂春松。仿佛兮若轻云之

图12-12　竹林七贤与荣启期砖画
（收藏于南京市博物馆）

图12-13　鼓吹出行砖画
（收藏于南京博物院）

图12-14　洛神赋图（来源于网络）

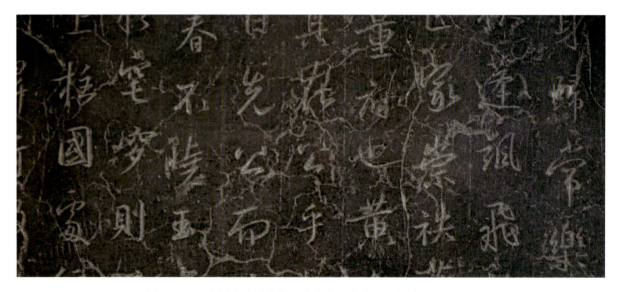

图12-15　兴福寺残碑字集王羲之书（收藏于西安碑林博物馆）

蔽月，飘摇兮若流风之回雪。"形象地表达了当时人们的情怀：隐秀、纵逸、深沉。

图12-15为一残碑，发现于明万历年间，原立于唐长安城兴福寺（今西安西关）内，碑中文字是僧大雅集书圣王羲之行书所刻。

三、激情、俊秀、绮丽的曲水流觞

王羲之的《兰亭序》描写了曲水流觞的场景，这是古人暮春时节常常举行的活动，是在三月上巳日为拔除不祥而举行的一种仪式，名为"修禊"，也称为"春禊"。一般是在水边进行，以洗洁为主，也成为一种游赏娱乐的方式。"永和九年，岁在癸丑，暮春之初，会于会稽山阴之兰亭，修禊事也。"

在兰亭，名士们在弯曲的流水旁，水中漂游着耳杯（即羽觞，见图9-24），饮酒赋诗，得诗十七首，王羲之作序记之。王羲之书法（图12-15）线条飘洒，如行云流水，神俊纵逸，气韵流荡，给人如天高云淡、风清月明之感。

嵇康诗云："目送归鸿，手挥五弦。"顾恺之说："画'手挥五弦'的样子容易，画'目送归鸿'的神态很难。"刘勰在《文心雕龙》中说："情以物兴，故义必明雅；物以情睹，故辞必巧丽。丽辞雅义，符采相胜。"陆机在《文赋》中说："诗缘情而绮靡，赋体物而浏亮。碑披文以相质，诔缠绵而凄怆。铭博约而温润，箴顿挫而清壮。颂悠游以彬蔚，论精微而朗畅。奏平彻以闲雅，说炜晔而谲诳。"这个时期，人们对情感与物之间的关系进行了深入的探索，物是人的情感载体，人的情感通过物的线条语言呈现，通过场景的构成有了意境，曲水流觞不仅是洗涤，更是欣赏与享受水带来的启示与思考。似水流动的线条（图12-16～图12-19）呈现了魏晋时期的风格：激情、沉稳、飞扬、俊秀、翩然、绮丽。

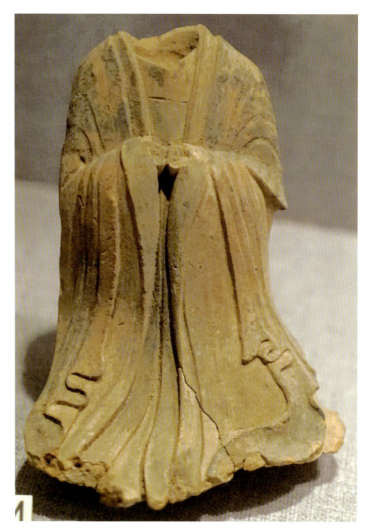

图12-16　衣身（收藏于河南博物院）

图12-17　南朝浮雕砖（收藏于河南博物院）

图12-18　北朝出游壁画（收藏于山西博物院）

图12-19 南朝出游画像砖（收藏于中国国家博物馆）

四、幽静、缥缈的青瓷

图12-20～图12-23为青瓷器物。青瓷器物胎体坚硬、致密、细薄，釉面光洁、顺滑。青瓷的色、形与玄学清谈之风相称；动物造型通过腿的收敛、胸部的挺拔、头的高昂，呈现着清高与峻拔、自信与从容；青瓷的釉面颜色呈现出幽邃、玄远、俪采的感觉。玄学、清谈在大动乱年代产生，人们在思考着是避世，还是虚幻；是退隐，还是追寻理想。无论何种状态，人们的探索与思考是存在的。

图12-20 羊形烛台（①收藏于中国国家博物馆，②收藏于故宫博物院）

图12-21 胡人骑狮烛台（收藏于山东博物馆）

144 博物馆里的中国设计与风格

五、清丽、空疏的鸡首壶

图12-24、图12-25为酒器。一般在壶的肩部一侧有鸡头形流,流内有与壶身相通的孔。鸡冠高耸,双目圆睁,鸡胸挺立。与鸡首相对的一侧装饰着变形圆柄,后期柄发展为龙首衔盘。其线条圆顺、简洁,颜色清丽、舒朗,整体造型自在、秀丽、生动。

图12-22 狮形插器（收藏于六朝博物馆）

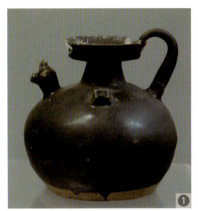 

图12-23 三狮烛台（收藏于洛阳博物馆）

图12-24 鸡首盘口壶（①收藏于开封博物馆,②收藏于故宫博物院,③收藏于河北博物院,④收藏于六朝博物馆）

图12-25 猪首壶（收藏于湖北省博物馆）

第十二章 魏晋风格与设计——魏晋风度

六、简朴、从容的牛车

魏晋时期的动物造型不是奔腾的嘶鸣状，即便是张着嘴，抬着头，也是和善可亲的，呈现出朗丽、悠游的状态（图12-26）。人们出行不单是骑马，而且可以坐牛车（图12-26⑤、⑥）。牛的体态强健有力，造型雄健华美，神态温顺可人。牛车造型简朴、稳健，常常出现以牛车为中心的仪仗，这是行走缓慢的节奏，也是自我意识觉醒的状态，人、动物、器物都沉浸在空疏、从容、逍遥之中。

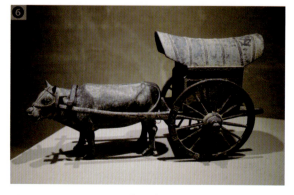

图12-26 动物器物（①、②收藏于中国国家博物馆，③、④、⑤收藏于山西博物院，⑥收藏于深圳博物馆）

图12-27、图12-28为女子头饰，其上的桃形叶片是可以活动的，叶片随着佩戴者的移动而发出声响，一步三摇，摇曳生姿，款款生动，人称"步摇"。图12-29是实用器物，似烛台，以仙人骑兽为造型，有超脱、缥缈的效果。

图12-27　马头鹿角步摇（收藏于中国国家博物馆）

图12-28　牛头鹿角步摇（收藏于中国国家博物馆）

图12-29　仙人骑兽灯（①收藏于临沂市博物馆，②收藏于南京博物院，③收藏于浙江省博物馆）

第十二章　魏晋风格与设计——魏晋风度

七、优美、玄妙、轻盈的曹衣出水

"曹衣出水"是以曹仲达的姓氏命名的一种塑造方法,也称为"曹家样",出现在绘画、雕塑中,其特征为塑造的人物形象仿佛是从水里刚出来一样(图12-30),衣衫紧贴肌肤,身形显露,衣纹弯曲悬垂,似水帘挂在身上。这是基于人体骨骼与比例、肌肉状态等开始进行的写实创作,尽管还没有解剖学基础,人们从文化塑造的角度认识与表达了对人体的欣赏。曹衣出水风格艺术品中洗练、轻薄的衣衫,端庄、丰腴的身形,优美、玄妙、轻盈的体态,彰显着高逸与安详。

图12-31为人面像,细腻的脸庞,圆顺的轮廓,温和秀美;清晰微闭的嘴唇,笑容安详、可亲,有一种尘世间温和、慈祥的亲切感,却又似乎正在绝尘而去。

图12-30 佛像(①收藏于四川博物院,②收藏于山东博物馆)

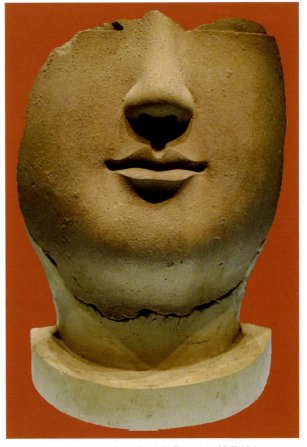

图12-31 人面像(收藏于洛阳博物馆)

第十三章

唐朝风格与设计
——唐风雍荣

雍容　绚烂　醇厚　傲岸　旷达　清丽

图 13-1　四鸾衔绶纹金银平脱镜（收藏于陕西历史博物馆）

唐朝（公元618年～907年）通常被分为初唐、盛唐、中唐和晚唐四个阶段。初唐从武德、贞观到天授时期（即李渊、李世民到武则天），盛唐是开元、天宝时期（李隆基），中唐为安史之乱以后到黄巢起义，晚唐指黄巢起义到唐朝灭亡。

唐承隋制，在唐朝之前的27年间，即公元581年～618年，隋朝结束了动乱，统一了中国，针对时弊进行了一系列的改革与发展。开凿了大运河，建立起联通全国的水路交通大动脉，开创了科举选拔人才的方式等。唐朝承续了隋朝所制定的制度与政策，并采用了开放、包容，兼容并蓄的发展之路。北方的胡人、中亚和内亚的民族、南边的"百越"等，都属于唐朝的"中国人"。唐朝诞生了中国历史上唯一的女皇武则天。汉朝开始的驿站，在唐朝更加完善发达，官民均可使用，使唐朝大一统得到了进一步加强。

科举制度开创于隋，形成于唐，结束于清光绪三十一年（1905年）。科举打破了魏晋时期形成的血缘世袭制和世族垄断制，使各阶层的人通过努力获得进入管理体系的机会，成为持续千年的人才选拔管理制度。唐朝出现了书院一类的教育机构，设置了"国子监"，将读书、应考和做官三者紧密结合起来。隋文帝时科举仅有策问，隋炀帝时科举有十科，唐朝时科举有明经（经义）、进士、明法（法律）、明字（文字）、明算（算学）。武举有七项：靶射、骑射、步射、身高相貌、言论、翘关（举重）。

唐朝的繁荣强盛使周边各国纷纷学习，各国出现大量的"遣唐使"，以日本派遣居多，茶道、围棋、唐诗、唐剑、唐手（空手道）、唐书、唐文字等一直在日本流传。至今，在世界各地可见唐人、唐人街的称呼。1998年，德国打捞公司在印尼海域发现了一艘唐朝时期的沉船"黑石号"，考古发现了长沙窑、越窑、邢窑、巩县窑的瓷器及一些金银器、铜镜向海外出口的情况。

唐人注意养气颐性、形神合一，将心与境、幻与真、圆融、境界等观念逐渐引入到生活中，诗歌、绘画、书法、音乐、舞蹈、园艺、品茶、棋艺、赏玩等活动一一展开，出现了以李白、杜甫、白居易等为代表的唐诗；以欧阳询、颜真卿、柳公权、张旭等为代表的书法；以韩愈、柳宗元为代表的文章；以吴道子为代表的绘画。唐朝产生了系列的理论研究成果，如司空图的《二十四诗品》，朱景玄的《唐朝名画录》，陆羽的《茶经》，孙思邈的《千金方》，《西游记》中现实版的唐僧。唐风雍荣中包含雍容、绚烂、醇厚、傲岸、旷达与清丽之美（图13-1）。

一、优雅、傲娇的女子

唐朝女子自信从容，面带傲娇，图13-2中的女士们，微笑的脸庞，微微翘起的下颌，丰满而又矜持的身躯，随意飘动的服饰，举手投足间呈现着唐朝女子的优雅。图13-3、图13-4中女子们的表情或娇羞、或傲然、或端庄、或欢乐、或沉静。这些女塑像有的为站立状态，她们将重心放在一条腿上，使身形略向一侧偏离，胸部挺起，使人们欣赏到一种女性的自信与骄傲；有的是两腿并立，脚微微外撇，双手拢于胸前，肩部略为下垂，但并不松弛，透着沉静、端庄与自信，如现代职场女性一样。唐朝不少女性着男装，让人们欣赏到女性在娇媚中的洒脱与欢快（图13-5、图13-6）。可以看出，唐朝女性参与不少公众活动，并在这些活动中扮演着各种角色。

图13-2 唐朝仕女塑像（①、③、④收藏于陕西历史博物馆，②收藏于西安大唐西市博物馆）

图13-3 仕女（①、②收藏于西安大唐西市博物馆，③收藏于陕西历史博物馆）

图13-4　唐仕女雕塑（收藏于西安博物院）

图13-5　壁画（收藏于乾陵博物馆）

❶　❷

图13-6　着男装女塑像（①收藏于西安大唐西市博物馆，②收藏于洛阳博物馆）

唐朝女子的服装、服饰、发型、发饰等多种多样。以裙子为例，先后出现了石榴裙、间色裙、绣裙、缬裙、画裙、百鸟毛裙等；由襦袄变化而成的半臂服装，有对襟式的，有套衫式的；其下摆有露在外面的，也有束在裙腰里的（图13-7）；女装的图案与颜色明艳奔放，轻松自由。唐朝女子有着醒目的发型、发饰或帽子，常用的发髻有高髻、花髻、倭坠髻、坠马髻、反绾髻、乌蛮髻、回鹘髻等三十多种。其形式分为两类：一种梳于头顶，一种梳于脑后。被称为簪花髻的是将各种鲜花插于发髻上作髻饰（图13-8）。通过这些物品，可以感受到唐朝社会炫目的时尚风格，感受到唐朝女子的优雅与鲜丽。

图13-7 唐三彩女子（①收藏于郑州博物馆，②、③收藏于故宫博物院，④收藏于开封博物馆，⑤收藏于陕西历史博物馆，⑥收藏于运城博物馆）

二、豁达、沉静的男子

唐朝男子是豁达与沉静的，图13-9、图13-10中的男子双手拢于胸前，一派礼让恭谨的气象。其面部同样带着微笑，他们的微笑没有女性那般傲娇，却展现了豪阔、沉稳、执着、沉静、智慧与通达。他们身着宽袍大袖、锦衣高冠，圆融中透着高傲与超旷。这些男士分为文官与武官，文官着进贤冠、进德冠、高山冠（图13-9中的②、③、⑥、⑦），武官戴鹖冠（图13-9中的①、④、⑤）。文官的冠因

图13-8 银簪（①收藏于洛阳博物馆，②收藏于徐州博物馆）

图13-9 男士（①、②收藏于郑州博物馆，③、④收藏于昭陵博物馆，⑤、⑥收藏于西安博物院，⑦收藏于故宫博物院）

文吏、儒士有向上荐引能人贤士之责，故名为进贤冠。冠耳呈圆弧形，冠篝呈卷棚形，且与介帻之屋融为一体，形成一种由帽屋、帽耳组合的冠帽形制。武官冠上的鹖鸟好斗，至死不退却，武士以此为饰，以示英武。他们脚蹬履，履头上翘，其形有圆头履、云头履、方履等，恣肆中透着明快、洒脱。这些男士中有不少是胡人，如图13-9的①、④，唐朝与各国的交流往来，使唐朝成为被其他国家追随的国度。雕塑中的男士们拥有挺直的身形，高扬着大唐独有的大度与无畏。

三、华美、尊贵的供奉

位于陕西宝鸡的法门寺曾是唐代皇家寺院，其地宫自唐代被关闭后直至1987年才得以重现天日。法门寺地宫藏有当年皇家所供奉的大量金银器、丝绸、琉璃器、瓷器等宝物。图13-11～图10-14是熏炉、香炉、碗等日常用器，呈现了华夏文化与宗教文化结合后的成果。这些器物无论是整体造型，还是装饰线条，都呈现出圆融之感；其金属质感、鎏金装饰手法与挺拔

图13-10　雕像（收藏于西安碑林博物馆）

图13-12　熏炉与炉台（收藏于法门寺博物馆）

图13-11　熏炉（收藏于法门寺博物馆）

图13-13　碗（收藏于法门寺博物馆）

的形体，彰显着唐人的华美与尊贵；采用的装饰图案既有传统的兽面纹、卷草纹，也有宗教中的兽面纹与植物花卉，呈现着豁达、圆整与雄豪。

图13-15为铜浮屠，是用于安奉佛骨舍利的，其造型为唐代塔的缩微模型，由底座、塔体、塔盖、塔刹四部分组成，造型规整、方正，逐级上升的台阶与层级之间所构成的空间拱起塔身，使之肃穆庄重；高耸直插云霄的塔刹使人们顿生崇高之感。

四、矫健、骄傲的龙

唐代龙的造型具有唐人的创新，图13-16是两条行走的龙与一条飞翔的龙，造型透着张扬中的骄傲与自信，有一种自我满足与喜悦。它们的颈部采用了有力而又弯曲的线形，头没有高昂，但坚定地环视着脚下的土地，四肢强健，迈着矫健的步伐，步伐中带着轻松与自信，看那不同程度翘起的尾巴，骄傲地睥睨天下。

图13-14　香炉（收藏于法门寺博物馆）

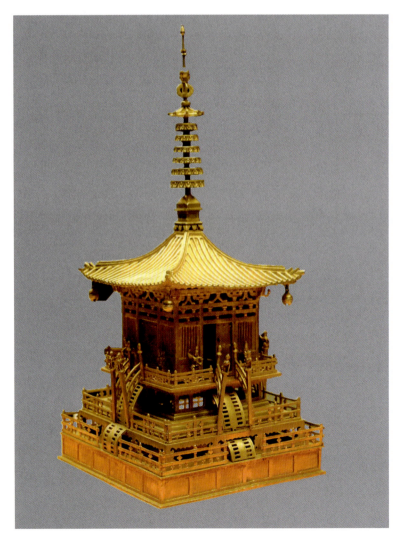

图13-15　铜浮屠（收藏于法门寺博物馆）

图13-16　鎏金龙（①、②收藏于西安博物院，③收藏于陕西历史博物馆）

五、闲适、畅快的茶具与香囊

唐代饮茶非常讲究，无论是陆羽的《茶经》，还是法门寺地宫中发现的茶具（图13-17～图13-19），都完整地展示了唐代茶道的全过程：焙炙→碾碎→筛罗→煮水加盐→加茶末→品茶。

图13-17为鎏金镂空飞鸿球路纹银笼子，是盛放圆形或方形茶饼的器具，也用来焙炙，在其笼璧球路纹上焊贴了十九对姿态生动、翱翔自如的鸿鹄，笼足为三瓣花朵形状，精致华美。图13-18是由碾槽、槽座和能抽动的盖板组成的鎏金银茶碾、银锅轴，其槽板上饰有麒麟和流云纹。图13-19为筛罗，取茶叶精华，去除糟粕；罗身前端饰有云气山岳，后端饰双鹤流云，两侧饰两个执幡褒衣束髻的仙人。这些器物及《茶经》呈现了唐人闲适、畅快的饮茶品位。

图13-18 鎏金银茶碾、银锅轴（收藏于法门寺博物馆）

图13-17 鎏金镂空飞鸿球路纹银笼子（收藏于法门寺博物馆）

图13-19 鎏金银茶罗（收藏于法门寺博物馆）

图13-20 鎏金银香囊（收藏于法门寺博物馆）

图13-20为鎏金银香囊，其外镂空，有鎏金双峰团花纹显得精致、华丽，其内有巧妙的结构，无论囊体如何转动，盛装香料的香盂都可以保持水平状态，为航海、航空提供了陀螺原理。

图13-21～图13-24的日用器精致奢华，从中可以感受到当时人们对生活品质的追求。

图13-21 鸳鸯莲瓣纹金碗
（收藏于陕西历史博物馆）

图13-23 金发梳（收藏于三星堆博物馆）

图13-22 鎏金鸳鸯团花双耳大银盆
（收藏于法门寺博物馆）

图13-24 紫色暗花绮地贴绣宝花纹绣片（收藏于西安大唐西市博物馆）

六、雅致、威严的凤首壶

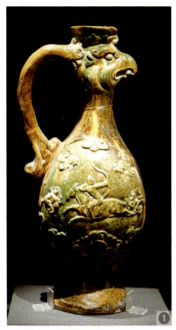

图13-25为三彩凤首壶。凤首壶直口，细颈，口颈相交处为凤首，凤眼圆睁，啄张衔珠，精细地刻画出了头部额下的毛羽，呈现出警觉与威严；椭圆腹，高圈足，造型稳健中透着沉着与豪放；凤冠长伸至腹，为柄，舒展、雅致。腹部雕饰着各种题材的纹样，有骑马射箭人物、凤鸟、舞者、团花等，这些纹饰是唐人融合了宗教与国外文化后创作的。凤首壶受到波斯萨珊王朝器形的影响，而三彩釉工艺和凤鸟形象则是唐文化的特征，三彩凤首壶是中西文化融合的产物。

图13-25 三彩凤首壶（①收藏于故宫博物院，②、③收藏于西安大唐西市博物馆，④、⑤收藏于天津博物馆，⑥收藏于西安博物院，⑦收藏于山东博物馆）

七、健壮、激越的打马球运动

打马球是唐朝流行的运动，也称为击鞠、击毯，是人骑于马上以球杆击球入球门的一种竞技游戏。据说打马球的兴起源于唐太宗等诸多皇帝的喜爱。图13-26展示了人们打马球时的风采，马与人的造型显示了马的灵活健壮、人的专注、运动的紧张激烈，同时，马与人之间有高度的配合与亲昵的关系。

图13-27为一匹正在疾驰的马，马的体形彪悍，作腾空跃起状，颈上的鬃毛直立，造型洒脱、豪放。来自丝绸之路上的骑马胡人少年秀出了"春风得意马蹄疾"的风采。

图13-26　三彩打马球人物（收藏于洛阳博物馆）

图13-27　三彩腾空马（收藏于西安博物院）

图13-28　釉陶三足炉
（收藏于洛阳博物馆）

八、斑斓、富丽的唐三彩

唐三彩是对唐代一种低温多彩釉陶器的称呼，釉色有黄、绿、褐、蓝、黑、白等，以黄、绿、白三种釉色为主，器物色彩斑斓、缤纷艳丽，由此得名唐三彩。唐三彩以白色粘土作胎，在器物表面施以釉料，这些釉料由不同的金属氧化物调制而成，陶器经二次烧造，釉料在烧制过程中熔融，自然垂流，相互浸润交融，仿佛颜色在泥胎上奔跑，呈现出自由、奔放、斑斓的效果。这种工艺制作的陶器在许多日常器物与建筑物上都有使用，范围广泛，品种丰富，工艺精湛。

黄釉或黄红釉为三彩基本色之一，在较为厚重的胎体上，施以釉，通过烧制产生了玻璃质感，有蜡黄、鳝黄、黄绿、红黄等色，釉色浓淡不一，釉面细润并有细小开片纹，配合不同器物造型，展现出朴茂、温雅与富丽的风格（图13-28 ~ 图13-35）。图13-32、图13-35为骆驼造型，其颈上曲，头昂扬，张口嘶鸣状，双驼之间或坐人、或驮物品，两只骆驼一卧一站，形象地展现了在丝绸之路上人们的努力与奋发。

图13-29　釉陶葫芦瓶
（收藏于洛阳博物馆）

图13-30　黄釉陶器（收藏于洛阳博物馆）

图13-31　三彩卧驼（收藏于陕西历史博物馆）

图13-32　三彩执壶
（收藏于河南博物院）

图13-33 三彩贴宝相花三足炉（收藏于洛阳博物馆）

图13-34 三彩马（收藏于洛阳博物馆）

图13-35 三彩骆驼（收藏于洛阳博物馆）

图13-36～图13-44是一系列以墨绿釉或蓝釉为主的三彩器物。墨绿或蓝色的釉陶色彩浓郁，表达着沉稳、深邃、高贵，这类颜色在服装、器物、建筑部件等方面都可以有生动的表现。

图13-36 墨绿半翻髻女（收藏于中国国家博物馆）

162　博物馆里的中国设计与风格

图13-37 戴胡帽着胡男装的女塑像（收藏于中国国家博物馆）

图13-38 三彩三足炉（收藏于洛阳博物馆）

图13-39 三彩带盖三足炉（收藏于河南博物院）

图13-40 三彩注子（收藏于陕西历史博物馆）

图13-41 三彩钱柜（收藏于陕西历史博物馆）

第十三章 唐朝风格与设计——唐风雍荣

图13-42 三彩坐女塑像
（收藏于中国国家博物馆）

图13-43 三彩立女塑像
（收藏于洛阳博物馆）

图13-44 釉陶（收藏于洛阳博物馆）

图13-45 绿釉瓶（①收藏于洛阳博物馆，②收藏于陕西历史博物馆）

图13-46 绿釉香熏（收藏于陕西历史博物馆）

图13-47 绿釉碗（收藏于陕西历史博物馆）

唐朝人创造了丰富的颜色，探索并实现了多彩的技术。唐三彩很难看到一模一样的产品，这使人们的设计不再仅仅局限于器物的造型，还有颜色带给人们的认识与感受。通过窑的烧造，颜色带给人们既有预期，也有意外的惊奇和喜悦，人们称呼为"窑变"，这正是手工制造带给人们的独特享受。通过每双不同的手设计制造出的器物都是不同的。图13-45～图13-47为绿釉，是从深绿到浅绿的绿色系，可以看到颜色的差异，这正是施釉窑变之后可以获得的结果。同时绿色带给我们生趣盎然的景象：健康、田园、悠闲。

"南青北白"是说在南方主要使用青瓷,北方使用白瓷。图13-48～图13-51展示了白瓷的多种器型,其胎质洁白、细腻、光润,造型轻盈俏丽,胎体坚实,朴素大方,釉色"类银似雪,类冰似玉",这是唐朝时就有的品评。图13-48中的双龙瓶是典型器物,瓶为盘口,细长颈,溜肩,腹部丰满,至胫处渐收,口沿与肩之间有两个对称的龙形柄高耸直立,龙头探进瓶口,衔住口沿,于浑厚、质朴中洋溢出俊俏与妩媚,刚健、挺拔中透出柔和。白釉更显高贵典雅,这是又一类中外结合创造的器物典范。

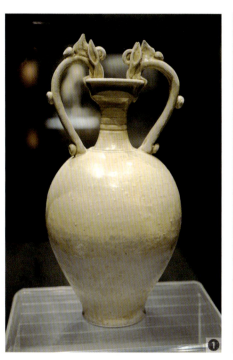

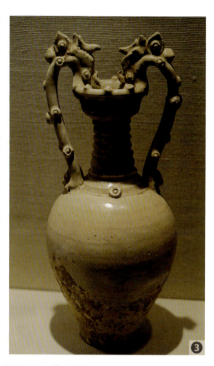

图13-48　白釉瓷双龙瓶(①收藏于洛阳博物馆,②隋朝,收藏于中国国家博物馆,③收藏于河南博物院)

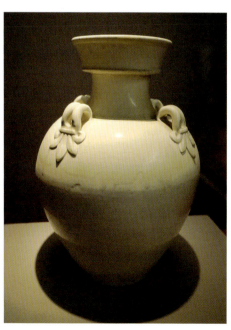
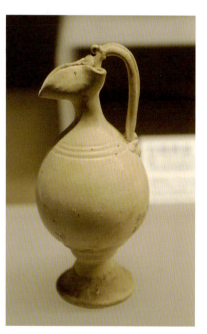

图13-49　白釉梅瓶
(收藏于故宫博物院)

图13-50　白釉罐(收藏于
西安大唐西市博物馆)

图13-51　白釉花口壶
(收藏于陕西历史博物馆)

九、优雅、华贵的马

古时,马在战争与出行中起着重要作用,唐朝人对马的喜爱与欣赏更甚,李世民"昭陵六骏"的故事被人们津津乐道。唐朝雕像与塑像中的马,造型健硕,雄浑矫健,优雅华贵,富有浪漫气质。以黑釉马为例(图13-52),胎体厚重,釉色如黑如漆,呈现出硬朗、遒劲、雄健与恣肆的状态。从马鞍及马其他部位的装饰中可知,马不仅仅是驱车的动力,更是人们对生活的欣赏,丰逸肥硕,优雅华贵。

图13-52 三彩黑釉马(①收藏于中国国家博物馆,②收藏于洛阳博物馆,③、④收藏于西安大唐西市博物馆)

十、高雅、素洁的秘色瓷

人们原来只能从书本、诗词中知道历史上有秘色瓷，随着法门寺地宫的发现，文字与实物得到了相互印证。唐陆龟蒙在《秘色越器》中描述："九秋风露越窑开，夺得千峰翠色来"，生动地描绘了越窑秘色瓷的青釉色泽。秘色瓷郁郁葱葱、青莹滋润，给人以高雅柔和、素洁明快的感觉。

图 13-53 为青釉八棱瓶，与法门寺地宫中的器物极为相似，瓶颈细长，直口，肩部圆隆，腹部为瓣状瓜棱形，圈足稍稍向外侈。在瓶颈与瓶身相接处有相应的三圈八角凸棱纹，呈阶梯状，通体施明亮青釉。其造型优雅，端庄规整，线条流畅，浅灰色胎细腻致密，釉色晶莹润泽，清澈碧绿。

图 13-54 为五瓣葵口秘色瓷碟，图 13-55 为五瓣葵口秘色瓷盘，光洁莹润，器形规整。在光线照射下，碟内明澈清亮、玲珑剔透，好似一汪清水盛于其内。有水之感，是因为器物内壁侧面巧妙地被设计成微凸状，使得碟或盘的底部形成了一个微小的弧面，再加上青绿透明的釉面，使得碟或盘的底部近似一个"凸面镜"，光发散的视觉效果就有了水感。

图 13-56 为秘色瓷器物，但与鎏金平脱工艺进行了结合。其碗身斜腹，高圈足；碗内壁施青黄釉，釉质滋润；碗外壁髹深蓝色漆，并有五朵雀鸟团花，雀鸟团花纹饰纤细繁缛，刻划精细入微，外观雍容华美，富丽堂皇。团花上的雀鸟比翼双飞，富有自然情趣，一副春意盎然、鸟语花香的景象。花朵采用的鎏金平脱工艺，将酷似今天窗花剪纸的图案贴在碗壁上，纹饰鎏金，在碗壁曲线的映衬下巧妙且富于变化，显得动感十足。这种以花卉雀鸟为题材的装饰图案在盛唐十分流行，寓意家庭美满幸福。

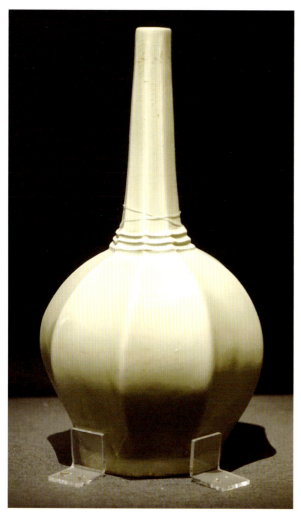

图 13-53 青釉八棱瓶
（收藏于故宫博物院）

图 13-54 五瓣葵口秘色瓷碟
（收藏于陕西历史博物馆）

图 13-55 五瓣葵口秘色瓷盘
（收藏于法门寺博物馆）

图13-56　银棱髹漆平脱鎏金雀鸟团花纹秘色瓷碗（仿，收藏于法门寺博物馆）

图13-57　绞胎瓷盂（收藏于洛阳博物馆）　　　　图13-58　绞胎三足罐（收藏于陕西历史博物馆）

十一、柔丽、斑斓的绞胎瓷

绞胎瓷器是一种器物外观呈现出两色绞缠在一起而形成花纹的器物（图13-57、图13-58）。绞胎瓷器有两种样式：一种是器物整体绞胎，通体呈现出灰色与白色或赭色与白色线条交织组成的，如羽毛、似木纹般的花纹；另一种是器表的绞胎装饰，俗称绞胎贴花，即把花泥揉成条状，切薄片，断面拍平，镶贴于器表的装饰部位，施釉烧成后呈现出花朵绽开的视觉感，器物呈现出灵动、柔丽与斑斓之美。

十二、沉静、动感的花瓷

花釉是在浑然一色的器物上出现不规则的斑状纹为装饰的工艺，由于色泽对比强烈而形成花斑，仿若白云朵朵，又似落叶片片（图13-59、图13-60）。花釉有两类，一类是以黑或褐黑、茶叶末釉为底色，其上饰以月白或灰白色釉斑；另一类是以黑、月白或钧蓝色釉为底釉，衬托天蓝色的不规则条块状釉斑。一般是深色釉饰以浅色斑点，浅色釉则饰以深色斑点，深浅相间、对比强烈，沉静中充满动感。釉斑排列无论是否有序，都比较工整。

图13-59　花瓷罐（收藏于故宫博物院）

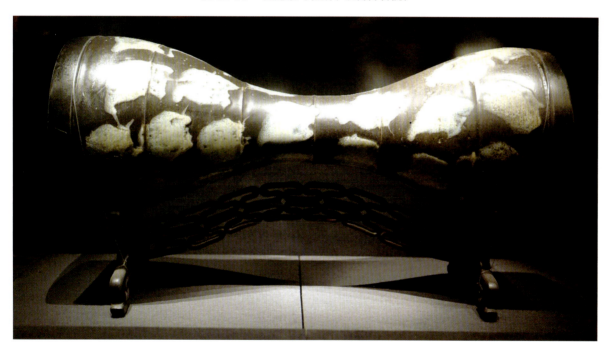

图13-60　花瓷腰鼓（收藏于故宫博物院）

十三、清纯、亮丽的彩绘

彩绘釉陶出现于唐朝初期，以瓷土做胎，烧成素坯，外施铅釉，然后在釉面打粉底，施彩描画，因而叫彩绘釉陶；有的贴金，被叫作贴金彩绘釉陶（图13-9③）。经过敷彩描画的器物，虽不如瓷器那么光洁、细腻、明净，但却有着清丽、恬静的风姿。图13-61～图13-63中的彩绘作品，造型精美，描绘细腻，人们的身形不似盛唐以后的丰腴，却有初唐洗练的造型和清丽、柔和的颜色。女子个个亭亭玉立，显得飒爽、清秀，心灵眼底都透着清澈与亮丽。这是唐人从向神、向仙崇拜转向现实生活的过程中所呈现出的清纯与清幽。

图13-61　彩绘骑马（收藏于昭陵博物馆）

图13-62 彩绘女士雕塑（收藏于昭陵博物馆）

图13-63 壁画（收藏于昭陵博物馆）

第十三章 唐朝风格与设计——唐风雍荣

十四、浪漫、奔放的舞蹈

唐朝的舞蹈是兼容中外的。有学者将唐诗中所包含的舞蹈（图13-64）分为三类：健舞、软舞与兽舞，以舞者的速度、力度及身份划分。传统舞蹈多为软舞，引进的舞蹈多为健舞。由杨玉环想到了霓裳羽衣舞，为软舞；由安禄山想到了胡腾舞、胡旋舞，为健舞。图13-65、图13-66展现了唐朝的胡腾舞、胡旋舞，舞者站立在一块编织精美的小圆毯上，舞姿迅疾奔放，体态轻盈健美，充满了欢乐的气息。唐朝的舞蹈中既有中原传统的优雅类舞蹈，也有从北齐时就引进的奔放胡舞，呈现出生动精妙的造型，中外结合的浪漫气质。

图13-64 舞者（①收藏于陕西历史博物馆，②、③收藏于洛阳博物馆，④、⑤、⑥收藏于南京博物院，⑦收藏于运城博物馆）

图 13-65　胡旋舞石刻墓门（收藏于宁夏博物馆）　　　图 13-66　胡旋舞凤首壶（收藏于西安大唐西市博物馆）

图 13-67　彩绘陶训马俑与舞马（收藏于洛阳博物馆）

图 13-67 是"舞马"，马的右前腿、头部与人互动的状态非常灵动。舞马表演又称为"蹀马之戏"，是指马按鼓乐舞曲作起卧跳跃、奋首扬尾、旋转直立等舞蹈动作，好似今天马术的一部分。有关舞马戏的文字记载最早见于三国曹植的《献文帝马表》中。

图 13-68、图 13-69 展示了器乐演奏与演出的情况。雕塑中往往有六七位演奏者，在马匹、骆驼、平地之上或坐或站，表演极其投入。图 13-68 中的骆驼强健丰硕，挺颈、昂首、张口，作嘶鸣状，仿佛配合着演奏者的情感；在两驼峰之间平台上有七位男性乐器演奏者，中间还立有一位歌舞者；七位奏乐者中，一人捧笙、一人吹箫、一人怀抱琵琶、一人手弹箜篌、一人吹笛、一人手拍板，背前面后而坐的一人吹着排箫。演奏者表情生动，如痴如醉。中间的歌唱者梳高发髻，身着宽衣长裙，体态丰满、袒胸，平视前方，右手前举，左臂后撤，作歌舞状；神情沉静，好像正在追忆着美好的景象。整组陶俑色泽艳丽、华美。

图 13-68 三彩骆驼载乐俑（收藏于陕西历史博物馆）

图 13-69 演奏者（①、②收藏于震旦博物馆，③收藏于中国国家博物馆，④收藏于西安大唐西市博物馆）

第十四章

辽、西夏、金的风格与设计
——辽夏金风

雄豪　苍莽　淳朴　沉郁

夏辽金风是由北方民族创设的，主要有契丹、党项、女真等民族，他们先后建立了辽（907年～1125年）、西夏（1038年～1227年）、金（1115年～1234年）等国家，与宋朝处于同一历史时期，这是几大政权相互对峙的时期。

辽国（也称大辽）地域辽阔，东到大海，西到阿尔泰山，南到河北、山西，北抵贝加尔湖，其国民有草原游牧生活为主的契丹族、奚人、畏兀人，也有过着定居农耕生活的渤海人、汉人。面对不同的生活方式和生产力，辽国实施了南北面官制，即北院管理胡人，南院管理汉人。针对不同的生活方式实施不同的管理方式，可谓最早的一国两制。辽国对外交流广泛，有学者说，中国的英文"China"的词源来自契丹。

西夏国（也称大夏）东临黄河，西到玉门关，南接萧关，北抵大漠，包括今宁夏、甘肃西北部、青海东北部、陕西北部及内蒙古部分地区，以党项族为主，既有畜牧业、狩猎，也发展农业。

金国（也称大金）鼎盛时北达今外兴安岭，南抵淮河，东临大海，西至陕西，以女真人为主，主要以狩猎游牧生活为主，后期逐渐开始了定居生活。

辽、西夏、金都是由北方民族建立起来的国家，主要疆域在草原，所使用的器物要宜于游牧。皇帝和高层贵族大多精通汉文化，与汉族之间有着广泛的交流。从文物中可以看到他们对唐文化的继承，以及与宋文化的交流。在此基础上，与本民族文化相融合后创设出了自己的特色。西夏、辽、金在短短的一二百年间，其社会制度跨越了部落制、奴隶制、封建制、帝制，呈现出强大的学习与发展能力。

辽、西夏、金各自创造了自己的文字。辽的契丹文字受汉字和回鹘文字的影响，同时又直接启发了金女真文的创制。契丹文字分大字与小字，大字常见于纪念碑、墓志、文书、印章、钱币等；小字是一种拼音文字，常见于纪念碑、墓志、哀册、铜镜铭文等。西夏文字仿照汉字创制，西夏文字作品主要集中在黑水城文献中，是西夏治国理政的重要载体。

相对于南方的耕读传家式生活，北方诸多民族主要为草原上狩猎与游牧的生活方式，有狩猎生活中时时出现的惊奇与沉着，有游牧生活中纵马奔腾的雄豪和苍莽草原之中的淳朴与沉郁，辽、西夏、金风格中有雄豪、苍莽、淳朴与沉郁之美。

一、轻松、沉雄的人们

辽、西夏、金三个国度主要由"胡人"发展演变而来，广袤的草原是他们共同生活的场景，草原气候冬夏温差极大，日温差也大，如此环境，适宜于狩猎、游牧生活。人们的主要服装是长袍与长靴，既有整齐的外观，又能随着气温高低而将衣服撩起或放下；长靴方便在草原上行走，而不被草丛中动物所伤。

辽代服饰有南班和北班之分。从14-1～图14-3中可以看到，北班服饰是契丹族的着装，以长袍为主，男女皆然，上下同制，圆领、窄袖；前襟可以被撩起卷在腰带上；袍上有疙瘩式纽襻，袍带于胸前系结，然后下垂至膝；脚穿长皮靴。南班服饰是汉族服饰，上衣下裤，圆领宽袖，脚穿系绳的鞋。图14-1的画面是人们出行的场景，鲜明的色彩，松弛的体态，洋溢着浑朴的轻松活泼。图14-2、图14-3展示了狩猎、游牧时，训练有素的动物与人浑然一体的狂傲与犀利。猎狗与鹰的造型沉稳，显示出了沉雄与肃杀。

图14-1 辽出行图（收藏于内蒙古博物院）

图14-2 辽牵犬彩绘木俑（收藏于赤峰博物馆）

图14-3 ①辽臂鹰彩绘木俑，②契丹人（收藏于赤峰博物馆）

第十四章 辽、西夏、金的风格与设计——辽夏金风 177

金朝服饰中女真族男子的常服通常由四个部分组成，即头裹皂罗巾，身穿盘领衣，腰系吐鹘带，脚着乌皮鞋；窄袖、盘领；头戴皮帽；服装颜色多用环境色，即穿着与周围环境相同颜色的服装。西夏王朝党项族与汉族混居，党项族为长袍、右衽，袖口略宽，足蹬皮靴，系腰带，下为裤装。

辽、西夏、金有共同的发型——髡发。此发型头顶部的头发被剃除，有的在头部留一圈，有的只留下鬓角两边各一缕，并用绳带结扎在一起，光亮的头顶似乎正在接受着阳光与上苍的恩赐一般。

二、劲健、兀傲的壶

图14-4～图14-6中的壶继承了唐朝工艺，造型与纹样是辽金时期的创造，其壶盖类似塔顶或帐篷顶。无论是单錾壶，还是提梁壶，都适宜于马上生活的提取与固定。尽管唐朝也有摩羯形的纹样，但此时的摩羯面对苍穹，其造型更显劲健与兀傲。

图14-5　人物纹金花提梁银壶（收藏于内蒙古博物院）

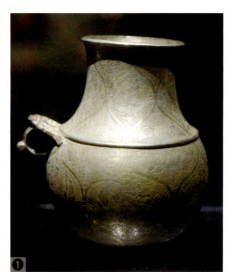

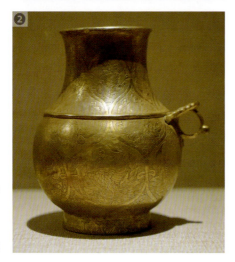

图14-4　鎏金单錾银壶（①收藏于内蒙古文物考古研究所，②收藏于内蒙古博物院）

图14-6　摩羯形银鎏金提梁壶（收藏于赤峰博物馆）

178　博物馆里的中国设计与风格

三、端庄、高洁的棱

图14-7～图14-10以八棱、六棱的造型将器物表面进行分割，这是与中原不同的造型语言，草原应存在着"丝绸之路"，这些器物上有拜占庭风格的造型与颜色，如弯曲的"穹窿顶"与立柱，金色与墨绿色的使用；又有汉文化的八卦、龙、人物、动物等纹样；这就是广袤草原的杰作，辽、夏、金三国在草原上驰骋，进行着不同民族间文化的交流融合，形成的器物既沉雄端庄，又高洁旷达。

图14-7 双龙钮八卦铜钟（收藏于宁夏博物馆）

图14-8 六棱双耳铜瓶（收藏于宁夏博物馆）

图14-9 鎏金錾花錾耳银杯（收藏于内蒙古文物考古研究所）

图14-10 八曲人物纹金杯（收藏于内蒙古博物院）

第十四章 辽、西夏、金的风格与设计——辽夏金风 179

四、挺拔、雄秀的凤首瓶、长颈瓶与长颈注壶

图14-11～图14-13为凤首瓶，这些瓶子有长长的颈部，呈现出挺拔、雄秀、宽和与深沉之美。其颈长，如将两翼收拢而矗立的凤鸟，顶上的花式杯口似凤冠，杯口下为结节状长颈，在长颈上端塑有凤鸟的嘴、眼、眉、耳等，瓶身有如凤身，宽肩瘦足，底足外展。这种器形来自西亚，应是从草原"丝绸之路"来到辽国的，将原金属器物采用了陶瓷材料与技术，融合了东方的精致与细腻。图14-14、图14-15为长颈瓶，这是将凤首瓶进行了简化，保留了喇叭口、细长颈、宽肩瘦足，但没有凤的造型。其颈、肩部饰有弦纹，侈口，器身或有划草花纹。图14-16、图14-17为长颈注壶，保留了结节状长颈、鼓腹、凹底、口唇外卷等造型特征，而从肩部形成流，以利水或酒的倒出；光滑的器物表面采用了刻花、剔花等工艺。凤首瓶、长颈瓶、长颈注壶三者比较，都呈现出不同程度的挺拔与浑圆，雄秀与憨厚，深沉与开朗。

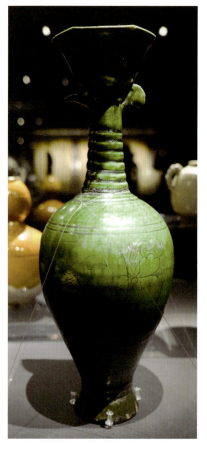

图14-11　绿釉刻花凤首瓶（收藏于内蒙古博物院）

图14-12　白釉凤首瓶（收藏于内蒙古博物院）

图14-13　黄釉凤首瓶（收藏于赤峰博物馆）

图14-14　白釉牡丹花纹长颈瓶（收藏于敖汉史前文化博物馆）

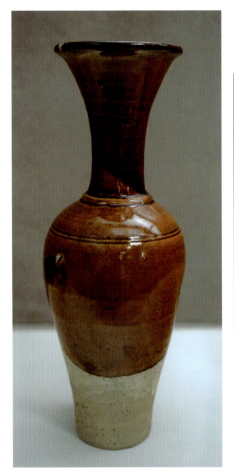

图 14-15 橘黄釉长颈瓶（收藏于敖汉史前文化博物馆）

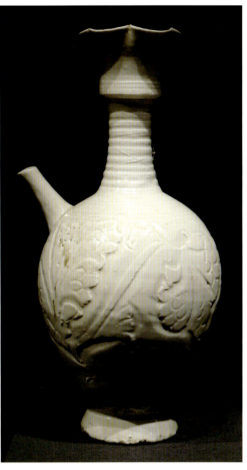

图 14-16 白釉刻划花花口注壶（收藏于故宫博物院）

图 14-17 绿釉"杜家"款璎珞纹净瓶（收藏于首都博物馆）

五、敦厚、粗帅的鸡冠壶

鸡冠壶（图 14-18 ~ 图 14-23）为辽代特有的器型，因壶上部有鸡冠状孔鼻而得名，也称马镫壶、皮囊壶，是模仿契丹族皮囊容器样式制成的。皮囊本是契丹族盛水、乳或酒等液体的器物，用皮革缝制而成。采用陶瓷材料与技术的鸡冠壶，仍用原来的样式，故有仿皮囊缝合针脚纹，或饰以贴堆的皮条、皮扣、皮雕花、皮绳等游猎生活的痕迹（图 14-18）。图 14-22 为少见的银制鸡冠壶，其上用鎏金工艺形成规整的几何图案与装饰纹样，中间的图案展现了鹿的温驯与机警。

鸡冠壶式样大体可分为五种：扁身单孔式、扁身双孔式、扁身环梁式、圆身环梁式、矮身横梁式。从图中既可以看到鸡冠壶造型的手法，也可以看到瓷器工艺技术与宋朝之间的互动。鸡冠壶造型总体保持了上合收拢、下鼓腹的扁身造型，呈现出宽厚、饱满、肥厚、欢快、诙谐的美感。在器身的提梁处进行了多种变化设计，用龙、猴等动物取代提梁（图 14-21），使之生动有趣；在器身上除仿缝纫或编结的痕迹外，也采用各种动物、花草图案与佛教典故（图 14-19），纹样精致、纤巧、富贵、华丽。

图14-18 白釉绿彩提梁壶（收藏于内蒙古文物考古研究所）

图14-19 黄釉迦陵频伽纹鸡冠壶
（收藏于内蒙古文物考古研究所）

图14-20 绿釉卷草纹鸡冠壶
（收藏于敖汉史前文化博物馆）

图14-21 龙首绿釉鸡冠壶
（收藏于赤峰博物馆）

图14-22 鎏金鹿纹银鸡冠壶
（收藏于中国国家博物馆）

图14-23 白釉提梁鸡冠壶
（收藏于内蒙古博物院）

六、鲜艳、淳朴的辽金三彩

辽金时期的陶器继承了唐三彩的技术，形成了辽金三彩。辽金三彩基本上是以白釉、黄釉、绿釉以及黄白绿釉综合运用为基调，兼有黑釉、紫釉、茶色釉、蓝釉、红釉、酱釉等彩釉，也有各种描金（图14-24～图14-27）。辽金三彩器物色泽浓郁、鲜艳；器形有圆形、方形、长形，多是仿契丹人原来使用器物的式样制作。如图14-24的方盘，口与底皆为方形，底小口侈，造型源于辽人原来所用的木制品，而采用陶瓷后，颜色与花形更好地满足了生活在草原上的人们。图14-25为海棠式长盘，外形为长圆式，浅璧平底，口沿做八曲花瓣形，如绽放的海棠花，鲜艳、秀美。

金代在瓷器设计方面趋于生活化、世俗化，题材以各种折枝、缠枝、花卉纹为主，也有人物、水波、鱼、鸭等（图14-28～图14-32）。瓷器显示出契丹族、女真族等游牧民族率真、淳朴、豪放的性格特征。他们以瓷器为枕。图14-30为施白釉绘黑色彩花鸟的老虎瓷枕，图14-31为双狮造型的瓷枕，图14-32为以美人为题材的瓷枕。这些瓷器在工艺技法上多采用印花方式，纹样线条少，简洁疏朗；还有一类加彩工艺，即先施白釉烧成白瓷，然后再在白瓷上施加红绿诸彩，入低温窑烧，这种釉上彩器被称为金代红绿彩，在此基础上，人们创制了五彩瓷，其色彩鲜艳、浓郁，呈现出淳朴、粗豪的生活状态。

图14-24　三彩方盘（收藏于内蒙古文物考古研究所）

图14-25　彩色釉印花盆（收藏于敖汉史前文化博物馆）

图14-26　白釉绿彩陶盆（收藏于内蒙古博物院）

图14-27　三彩洗（收藏于敖汉史前文化博物馆）

图14-28　金黄绿釉折枝花卉纹豆形瓷枕（收藏于邯郸市博物馆）

图14-30　褐釉彩绘虎形枕（收藏于故宫博物院）

图14-29　彩色釉陶贴花凤首壶（收藏于上海博物馆）

图14-31　三彩双狮枕（收藏于深圳博物馆）

图14-32　白釉黑花卧美人枕（收藏于陕西历史博物馆）

七、朴拙、壮实的鸡腿瓶

鸡腿瓶（图14-33～图14-35）器身如柱状，下部稍细，小口平底，因器身细高如鸡腿，故名鸡脚瓶，也称为牛腿瓶，以形取名。其造型朴拙、肥厚、壮实，生活气息沉郁。

八、简朴、疏朗的瓷器

划花、剔花是在瓷器表面形成花纹图案的工艺方法（图14-36～图14-40），在漆器中则被称为剔红。剔花（图14-38、图14-40）是在半干的坯体上，使用竹木或骨石等制成的刀具，以一定的深度剔去纹饰以外的坯层。剔去坯层的地子通常呈黄褐色的釉或白色的化妆土，与黑釉形成鲜明的色彩对比；所得剔花瓷器纯朴、浑穆，线条遒劲有力，给人古朴奔放之感。划花（图14-36、图14-39）是在瓷器表面以细线刻划出花纹图案，形成颜色差异，由于用色古朴，花形疏朗，给人以奔放、粗豪之感。

磁州窑常常用白釉黑花装饰纹样，其画简练、明快、饱满。耀州窑釉色以姜黄色为主，也有黑釉、酱色釉和白釉黑花。金代耀州窑多为各种折枝花卉，其次还有水波、婴戏牡丹等，釉层肥厚莹润，显现出简朴、豪放的风格。

图14-33 琉璃宝珠瓶（收藏于西夏王陵博物馆）

图14-34 黑釉鸡腿瓶（收藏于开封博物馆）

图14-35 白釉鸡腿瓶（收藏于内蒙古通辽市博物馆）

图14-36 西夏黑釉划花梅瓶（收藏于陕西历史博物馆）

图14-37 金白地黑花猴鹿纹瓶（收藏于故宫博物院）

图14-38 金褐釉剔牡丹鹿纹瓶（收藏于内蒙古博物院）

图14-39 金白釉划花铁锈花罐（收藏于赤峰博物馆）

图14-40 金黑釉剔花小口瓶（收藏于故宫博物院）

九、真诚、和雅的迦陵频伽

"迦陵频伽"为梵语音译，是佛教中一种神鸟的名字。据传其声音和雅、清婉、空灵，美妙动听，这种鸟又称为美音鸟或妙音鸟。其形为人首鸟身，头梳发髻，面部丰腴，额点朱志，上身裸露，作飞翔状。其造型源于印度，最早出现于北魏时期，西夏王朝信佛，西夏人塑造了真诚、和雅的迦陵频伽（图14-41）。

图14-41 迦陵频伽（①收藏于天津博物馆，②、③收藏于西夏王陵博物馆，④收藏于中国国家博物馆）

十、欢快、高傲的摩羯

摩羯是外来神话中守护神的坐骑（图14-42～图14-45）。摩羯的身体与尾部似鱼，头似羚羊。在唐代已有不少摩羯的形象，辽夏金时期应用更为广泛，其造型有欢快、激越、高傲之美。

图14-42 辽人首摩羯形瓶（收藏于内蒙古博物院）

图14-43 辽鸟形玻璃执壶（收藏于内蒙古博物院）

图14-44 西夏琉璃摩羯（收藏于西夏王陵博物馆）

图14-45 辽摩羯纹金花银盘（收藏于内蒙古博物院）

第十五章

宋朝风格与设计
——宋风雅逸

柔润　清丽　理趣　诗意
闲雅　隐逸　萧散　骚雅

> 东风夜放花千树。更吹落，星如雨。
>
> 宝马雕车香满路。
>
> 凤箫声动，玉壶光转，一夜鱼龙舞。
>
> 蛾儿雪柳黄金缕。笑语盈盈暗香去。
>
> 众里寻他千百度。
>
> 蓦然回首，那人就在，灯火阑珊处。
>
> ——辛弃疾《青玉案·元夕》

张择端描绘北宋开封府的《清明上河图》，辛弃疾在《青玉案·元夕》中描述了临安（今杭州）的元宵之夜，宋朝的绘画作品与文学作品都展示了宋人丰富多彩的生活。宋代史料如《东京梦华录》《梦粱录》《都城纪胜》《西湖老人繁盛录》《武林旧事》等，都描述了宋代繁华的生活（图15-1）。

宋代分北宋（公元960年～1127年）与南宋（公元1127年～1279年），其都城分别是今天的河南省开封市与浙江省杭州市，与辽、西夏、金存在于同一历史时期。

宋朝人文发达，不仅有诗、词、歌、赋、琴、棋、书、画等，而且出现了说书、讲史、杂剧、杂技、角抵、队舞、皮影等文艺节目。历代对宋朝的评论为弱宋、偏安一隅，这是说宋朝在疆域争夺、邻国关系方面的情况。对宋朝内部来说，宽松的人文环境，使宋代在哲学、理学、艺术学、科学、医学、法学等方面取得了丰富的成果。

从哲学成就来看，产生了以欧阳修、邵雍、周敦颐、司马光、王安石、程颢、程颐、朱熹、吕祖谦、陆九渊等为代表的理学。从科学技术来看，产生了沈括的《梦溪笔谈》、李诫的《营造法式》、丁度的《武经总要》等科技类著作，发明了指南针。从文学论著来看，产生了欧阳修《六一诗话》、张戒《岁寒堂诗话》、姜夔《白石道人诗说》、叶梦得《石林诗话》、严羽的《沧浪诗话》等。书法代表人物有苏轼、黄庭坚、米芾、蔡襄及创造了"瘦金体"的宋徽宗赵佶；形成了以宋徽宗赵佶、马远、范宽、郭熙等为代表的，只用水墨进行绘画，在山水中寻求内心观照的文人画；成立了宫廷画院，促进了人文思想的碰撞与文化艺术的发展。形成了文以致用、文道合一、书画同源、随物赋形等理论与观点，产生了品评的词语：气象、境界、意境、理趣、韵味等，人们开始将胸中的意气呈现出来。

宋代商业经济发达，大量贸易活动促进了最早的纸币"交子"的产生。出现了瓷都景德镇，在纺织、矿冶方面都有长足的发展。宋朝海上丝绸之路繁荣，与五十八个国家或地区有贸易往来，记载有占城、真腊、三佛齐、大食、大秦、波斯等国，输出大量的丝绸、瓷器，进口了大量香料。在广东阳江区域考古发掘的"南海一号"展现了宋朝海上贸易的情况。

富裕、悠闲的宋风雅逸中包含柔润、清丽、理趣、诗意、闲雅、隐逸、萧散、骚雅等元素。

一、雅致、淡泊、自在的人们

宋朝文人集思想、才情、学问于一身，他们既尊重理性思考，又尊重内心感受与思绪的飞扬；他们既有家国情怀，又有闲情逸致；宋词成为这个时代的代表性作品，题材丰富多彩，依据宋词的风格，人们将文人及文人作的词分成了豪放派、婉约派。图15-2、图15-3中的雕塑呈现了各类男士的特征，其造型及线条均给后人提供了不同场景下宋朝文人的风采：自信、从容、雅致、淡泊、洒脱。

①清明上河图

②黑漆盏托（收藏于浙江省博物馆）　　　③定窑酱色釉盏托（收藏于上海博物馆）

图 15-1　宋代繁华的生活

图 15-2　彩绘泥塑文臣像（①收藏于宁夏博物馆，②收藏于晋祠）

图 15-3　武士雕塑（收藏于南京博物院）

图15-4 仕女雕塑（收藏于晋祠）

无论是绘画，还是雕塑，宋代女子（图15-4）造型清瘦、苗条，摇曳的身姿透着含蓄、秀丽与灵巧，线条与颜色质朴、灵动，服装款式淡泊之中透着灵秀。

宋代有不少以孩童为主题的作品，既用于实用的器物，如瓷枕（图15-5），也在绘画、玉佩等器物上使用。这些孩童造型眉清目秀，神态自在温和，线条柔和流畅，生动传神，彰显着这一时期人们生活的闲适与愉悦，仿佛清新的庭院中荡漾着清脆的笑声，让人们享受着孩童的天真、活泼、可爱。

图15-5 定窑白釉孩儿枕（收藏于故宫博物院）

二、温润、静谧的汝瓷

图15-6～图15-9为汝瓷，是宋人精致生活的标志，有盘、碗、洗、碟等，器物造型规整，端庄的外形给人以典雅、高尚之感。汝瓷胎质细腻，似燃烧后的香灰，故也称为"香灰胎"。汝瓷釉色有开片细纹，称为"鱼籽纹"或"蟹爪纹"，有玉石的纹路之感。釉面光洁温润、匀净，有含水欲滴之状；釉色多呈天青、灰天青或天蓝色，堪称"水天一色"。据说这是按照宋朝第八个皇帝宋徽宗赵佶的描述而创造的，他提出了"雨过天晴云破处，这般颜色做将来。"宋人用水、火、土追求着理想的文化生活，创制出了传世经典。

图15-6 汝窑天青釉凸弦纹三足樽
（收藏于故宫博物院）

汝瓷让人们欣赏到文静、幽玄、静谧、清淡与含蓄的表达方式。图15-6的器形仿汉代青铜器，有三条弦纹。与青铜器相比，汝瓷沉静而又矜持。图15-7为莲花式造型小碗，外形端正，呈现出一种典雅、高尚的美感。

汝瓷由汝窑生产出来，主要产地约在今天河南汝州地区宝丰县清凉寺村。

三、润秀、雅致的官窑瓷

官窑瓷是专门用于宫廷的瓷（图15-10～图15-13），是官建、官管、官用的御用瓷器，是高品质生活的象征。官窑瓷器有瓶、洗、壶、碗、盘、杯等，其造型古朴、典雅、规整、端庄；胎体呈黑灰或黑褐色，胎质坚实且细密，璧薄，釉层凝厚，釉质纯净、莹澈，透着玉石般的光泽。官窑瓷的颜色多呈粉青色；釉面上有金丝般的片纹纵横交织，片纹间又闪现出层层冰裂纹，又称开片，妙趣天成，让人们享受着官窑瓷器如玉石般的温润与幽静。中国人喜玉，而玉石又难得，宋人就自己创造了如玉一般的瓷器，如玉一般的生活。

图15-10为官窑青釉弦纹瓶，造型简洁、雅致、庄重，凸弦纹则给庄重带来变化，使造型富有动感；体薄色青，釉色温润如玉，略带粉红，釉色淡雅、含蓄、晶莹、润秀，具有凝厚深沉的玉质感。

北宋时有汴京官窑，南宋时有修内司官窑和郊坛下官窑。

图15-7　汝窑天青釉莲花式温碗（收藏于河南省文物考古研究院）

图15-8　汝窑天青釉圆洗（收藏于故宫博物院）　　图15-10　官窑青釉弦纹瓶（收藏于故宫博物院）

图15-9　汝窑天青釉盘（收藏于故宫博物院）　　图15-11　官窑青釉盏托（收藏于故宫博物院）

图 15-12　官窑青釉圆洗（收藏于故宫博物院）

图 15-13　官窑龙纹洗（收藏于天津博物馆）

四、葱翠、温润的龙泉瓷

图15-14中的器物为龙泉窑瓷，是白胎青瓷，胎色洁白，薄胎釉厚，釉色葱翠，釉层透明，具有玻璃质感。龙泉瓷借助于釉汁下流时，在器物转折棱角处显露出白色的胎骨，如弦纹处，于是洁白的胎骨形成了一条条白线，让人们感受到瓷的灵动。龙泉瓷的釉色有粉青、梅子青、豆青等，呈现出青翠碧绿、温润如玉之感。

龙泉窑，双鱼耳瓶

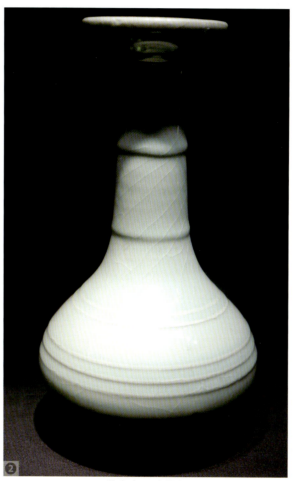

龙泉窑，弦纹瓶

龙泉窑鬲式炉

龙泉窑双鱼盘

图15-14　保利艺术博物馆2016龙泉青瓷精品展

五、端庄、静穆的哥窑瓷

龙泉窑中有兄弟俩,哥窑是哥哥在制作,故名哥窑。哥窑的器物造型线条平缓、柔和、纯朴、秀美(图15-15~图15-18),属黑胎瓷器;釉质凝厚、沉稳、古雅、端庄;釉面有大小纹开片,纹线有黑黄两色,俗称"金线铁线",呈现出静穆与端庄;釉色有粉青、深粉青、米黄、深月白,釉色润泽、优美。图15-17中的鱼耳炉呈S形造型,其轮廓线上敛下丰,造型端庄饱满,腹两侧为对称的鱼形耳,古朴典雅;通体青灰色釉,釉面密布开片纹,使之富于动感。

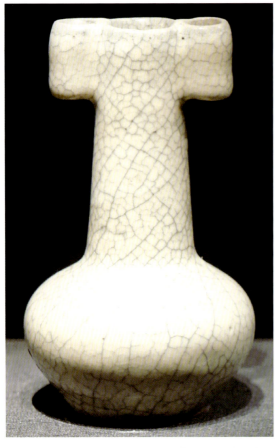

图15-15 哥窑青釉弦纹瓶(收藏于故宫博物院)

图15-16 哥窑青釉贯耳瓶(收藏于故宫博物院)

图15-17 哥窑青釉鱼耳炉(收藏于故宫博物院)

图15-18 哥窑青釉海棠式花盆(收藏于故宫博物院)

六、浑厚、清幽的耀州瓷

图15-19～图15-22为耀州瓷，属于青瓷类。耀州青瓷胎体致密，釉色微微闪黄，呈橄榄绿色，有的呈姜黄色；纹饰以花卉为主，采用折枝牡丹花、莲花、凤凰、婴戏等图案，以刻花、划花、印花等作为装饰手法；在厚厚的胎上，采用近深远浅的方法剔去部分胎泥，使纹饰凸显出来；釉在凹处积聚，使色浓釉厚，釉在剔浅处较薄，层次清楚，呈现出浮雕效果。耀州瓷线条流畅，花纹粗壮、浑厚，图案简朴，讲究严谨、对称、均衡；釉面光洁、匀静，色泽青幽，呈半透明状，十分淡雅。常见的耀州瓷以水波纹为底纹，上饰荷花、游鱼、鸳鸯等，仿佛在一泓碧波荡漾的清水中自由地游动，让人们享受到清新、优美、温润的景象。

青瓷多处窑均有生产，以耀州瓷为代表，产于陕西铜川一带。

图15-19　耀州窑卧狮盏（收藏于甘肃省博物馆）

图15-20　青釉刻花牡丹纹执壶
（收藏于西安大唐西市博物馆）

图15-21　青釉印花缠枝牡丹纹碗（收藏于西安大唐西市博物馆）

图15-22　龙泉窑青釉刻花碗（收藏于广东海上丝绸之路博物馆）

七、端庄、幽雅的钧瓷

钧瓷颜色丰富，釉色或浓或淡，色斑或聚或散；有的通体紫红，有的里青外红，变幻多端。以浓淡不一的蓝色乳光钧瓷为代表，有月白、天蓝、天青、豆绿等色。其表面呈乳浊状，釉色古朴、端庄、含蓄、幽雅、自然，宛如彩霞，似乎是"夕阳紫翠忽成岚"。厚釉层产生裂纹，形成不规则流动的线条，近似开片，呈现出"蚯蚓走泥"，或各种丝毛状流纹，如兔丝纹。钧瓷造型厚重、古朴、端庄，线条流畅、自然，装饰质朴、简约。

图15-23、图15-24中的器物造型规整、淳雅，是有蓝色、紫色等色系的陶器，器物里面的灰蓝色与外表的玫瑰紫釉相映成辉，造型古朴大方，釉色典雅、润泽。图15-25与图13-26为葵式造型，宋人借助自然生态中的造型，欣赏着自然给生活带来的乐趣，这是宋人从容、优雅、闲适生活的一部分。

钧窑瓷器始于东汉，兴于宋朝，从粗犷、雄烈的豪爽造型，转向宋人所呈现的雅逸风格。钧窑是以河南禹州地区为代表的古钧州人奉献的智慧。

图15-23　钧窑玫瑰紫釉葵花式花盆
（收藏于故宫博物院）

图15-24　钧窑玫瑰紫釉长方花盆
（收藏于故宫博物院）

图15-25　钧窑鼓式洗
（收藏于山东博物馆）

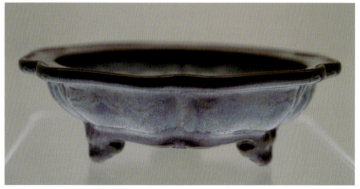

图15-26　钧窑玫瑰紫釉葵式三足洗
（收藏于天津博物馆）

八、幽玄、有趣的建盏

宋人发明了一种近似游戏的饮茶方式：斗茶，即在黑色的建盏（图15-27）中，通过白色的茶汤来比较茶的优劣，斗茶时主要用的就是建盏中的兔毫盏（图15-27①）。兔毫盏釉面上有呈放射状的黄褐色条纹，似兔子身上的毫毛一样纤细柔长；兔毫釉色光亮，呈现的色彩有灰白、灰褐、青蓝、蓝灰等，故有银兔毛、金兔毛、蓝兔毛等称呼，纹理流畅，散发着光芒。

建盏以黑釉瓷著称，为结晶釉，除兔毫外，还有油滴、曜变等品种。油滴釉是在黑釉的釉面上，有似圈似点，成串或成片银灰色光泽圆点散布，像漆黑夜空满天星（图15-27②）。曜变是在黑釉里面浮现大小不同的结晶，结晶周围带有晕状的光彩，在黑黑的底色上，散布着深蓝色的星点，围绕这些星点周围，还有红、天蓝、绿等色彩，被称为"天目釉"（图15-27③、④）。建盏胎质较厚重，呈现浑厚、凝重之感。

图15-27 建盏（①收藏于故宫博物院，②收藏于西安博物院，③、④收藏于汉东博物馆）

九、淡泊、英迈的黑釉瓷

图15-28～图15-31为黑釉瓷，这些器物虽然造型各异，但却具备宋代器物的共同特点：形体秀美、大方、雅致，装饰简单、朴素，彰显着宋人的自信与淡泊。图15-29为宋人留下的经典器物，俗称玉壶春瓶。这些器物上黑釉的使用，呈现出萧散之感，有淡淡的忧郁与悲哀，也有克制的豪迈感。

图15-29 黑釉留白划花水波纹玉壶春瓶（收藏于故宫博物院）

图15-28 黑釉凸线纹瓶（收藏于故宫博物院）

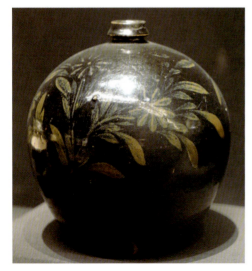

图15-30 黑釉褐彩花卉纹小口瓶
（收藏于故宫博物院）

图15-31 黑釉剔花折枝梅纹梅瓶（收藏于江西省博物馆）

十、清丽、雅逸的白釉瓷与青白釉瓷

图 15-32 ~ 图 15-34 为白釉瓷，胎土细腻，胎质薄而有光，釉色纯白滋润，有白玻璃质釉，略带粉质；其造型丰富，无论是题材还是釉质，都有亲切感。其刻花、印花素雅、大方，线条流畅，题材有水波纹、荷莲、牡丹、飞鸟、鱼水等。白釉瓷作为日常用具，被大量出口到东南亚及其他地区，在广东阳江海域打捞出来的"南海一号"装有一整船的宋代瓷器，瓷器走入大众生活，走向世界各地，瓷器清丽、温润、雅逸的风格为世人所享用。

图 15-33 白瓷孩儿抱荷叶枕（收藏于西安大唐西市博物馆）

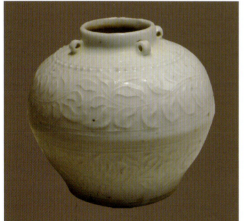

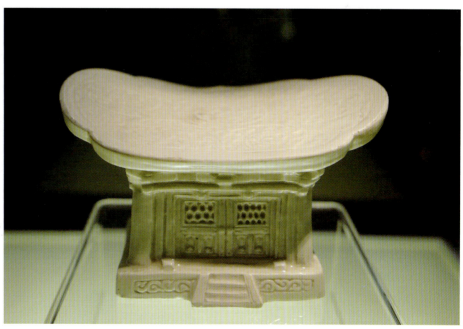

图 15-32 德化窑系白釉印花花卉纹罐
（收藏于广东海上丝绸之路博物馆）

图 15-34 白瓷镂雕殿宇人物枕（收藏于上海博物馆）

第十五章 宋朝风格与设计——宋风雅逸

图15-35～图15-38为酒器，时称注子、执壶。酒器造型规整、端庄、雅致、秀丽，线条柔和、温婉、流畅；胎质细密，胎体薄且轻巧，釉色晶莹透亮、温润如玉，色调白而略带青味，即青中泛白、白中透青，显得清澈、透影，这使得青白釉或青釉赢得不少诗意的名称：影青、隐青、映青。在其器皿上刻花、印花，使凹处积的釉稍厚而色青，釉薄处的花纹在面向光线时若隐若现。人们赞赏其"薄如纸、声如磬、青如天、明如镜"，表达着宋人生活中的趣味。

图15-35 青白瓷注子和注碗（收藏于深圳博物馆）

图15-36 青釉瓜棱执壶（收藏于深圳博物馆）

图15-38 青釉八棱执壶（收藏于陕西历史博物馆）

图15-37 青白瓷狮钮盖水注（收藏于深圳博物馆）

十一、其他

与辽、西夏、金处于同一时代的宋朝给了后人多角度的思考，与辽、西夏、金之间的冲突，宋朝多采用和谈的方式，这种历史环境使得宋朝出现了多元的文化现象。

宋词中有"仰天长啸，壮怀激烈"，也有"衣带渐宽终不悔，为伊消得人憔悴"，有典型的豪放派与婉约派。

宋人的绘画去除了绘画中的多彩颜色，仅仅用水墨一色，从唐时的人物绘画走向了山水。在器物创造上，宋人更推崇集温润、雅致、淡泊、萧散、诗意、隐逸于一体的"冰裂纹"。从图15-39～图15-46，可以看到宋人的理想，也可以感受到宋人走向理想时所采取的风格：雅逸、柔润、清丽、闲雅、隐逸。宋代器物呈现的美感与诗词、散文、绘画、理学有着高度一致的情怀。

图15-41 花瓣口长颈瓶（收藏于甘肃省博物馆）

图15-39 玛瑙洗与碗（收藏于安徽博物院）

图15-40 白釉黑彩小口尊（收藏于河南博物院）

图15-42 珍珠地划花缠枝牡丹纹盘口细颈瓶（收藏于西安大唐西市博物馆）

图15-43 葵花口盏(收藏于浙江省博物馆)

图15-44 镶金口梅花纹银盂(收藏于南京市博物馆)

图15-45 葵花形金盏(收藏于安徽博物院)

图15-46 佛头像(收藏于震旦博物馆)

第十六章

元朝风格与设计
——元风幽丽

幽雅 明丽 醇厚 壮阔 旷达 劲健

图16-1 青花釉里红镂雕盖罐（收藏于故宫博物院）

图16-2 青花釉里红菱形开光贴花大罐（收藏于震旦博物馆）

图16-3 景德镇窑青花蕉叶纹觚（收藏于首都博物馆）

蒙古族的歌声或高亢、嘹亮，或悠远、浑厚；旋律中透着浓浓的情怀，使人们感受到在那辽阔广袤的草原上，纵马扬鞭、一跃千里的豪迈与旷达；在一望无际而又风云变幻的草原上，人们坦然、醇厚、率真。

十三世纪，蒙古人统一在成吉思汗的名下，创立了蒙古汗国（1206年），成吉思汗及其继任者骁勇善战，经百年拓展，国土辽阔，西到尼罗河，东到黄海，南到印度洋，北到北冰洋，横跨欧亚大陆。蒙古帝国有四大汗国：钦察汗国、察合台汗国、窝阔台汗国和伊尔汗国，分属于成吉思汗的子孙们。公元1260年，成吉思汗的孙子忽必烈在元上都继蒙古汗位，随后建立了以大都（今北京）为中心的元朝（1271年～1368年）。忽必烈以后，帝国各部分逐渐解体，各汗国与当地结合而逐渐本土化，以元王朝为代表的蒙古人逐渐接受了汉文化。

辽阔的蒙古国，使东西方文化的碰撞与交流在这个时期得到了加强，蒙古大军将火药、造纸术、印刷术等带到了欧洲，从中亚带回来蒸馏、冶金、水利、历法以及医疗技术。西域众多民族的文化与华夏文化进行的交流，为当时器物的设计提供了更多的视角与元素，青花瓷器的产生便是东西方交流的结果。

元朝的管理者以蒙古人为主，实行多种等级制度，有四等人的统治政策，即一等人是蒙古人，二等人是色目人（即西域人），三等人是生活在黄河流域的汉人，四等人是生活在长江流域的汉人。其中，前一等人对后一等人具有绝对的优势。元朝还有一种身份等级制度："一官、二吏、三僧、四道、五医、六工、七猎、八娼、九儒、十丐"。这些制度对传统文化带来了冲击，儒生们转入社会基层，他们在民间以私塾的方式展开教学，使传统文化深入民间，实用技术、民间艺术得到了发展与普及。元朝产生了以关汉卿、马致远、白朴、郑光祖为代表的元曲作家,以黄公望、倪瓒、王蒙、赵孟頫为代表的画家。元朝还采取了不干涉信教自由的政策,一批宗教人士获得认可与重用,如全真教的邱处机,藏传佛教的八思达;王室任用不同人士为其服务,如契丹族的耶律楚材、宋朝王室的赵孟頫等。

元朝在景德镇设立浮梁磁局,管理宫廷瓷器的制造。二元配方的使用,提升了元朝大器的成品率。创新了卵白釉、釉里红、高低温单色釉等瓷器品种(图16-1～图16-5),使景德镇一跃成为世界制瓷业的中心。元朝创设的器物既有西域元素,也有蒙古族人的喜好,更多的还是本土文化在新形势下的发展与融合。元风幽丽中蕴含了幽雅、明丽、醇厚、壮阔、旷达与劲健之美。

一、醇厚、旷达的人们

图16-6、图16-7将人们带到了草原。无论绘画还是人俑,男子的手似乎随时可以抓握什么东西,以让身体腾飞起来;在马上也是半立着的状态,似乎只要一声令下或一个异常情况出现,他们就可以驰骋起来。他们是那样的机敏、自信与奔放;他们身躯魁梧、浑厚,宽厚的肩部、平和的胸部、突出的腹部,可谓坐如钟、行如风。他们面部沉静、舒缓,细细的眼睛,沉郁而又平静,似在思考。女子的造型也是沉静而端庄,双手拢于胸前,一出手就是英爽、劲挺。男子是成熟的、可信任的,女子是一个家的主心骨。图16-6展示了一个家庭中男女主人彼此的关系是平等的,互相尊重的,任何重要的事件他们都可以一起共同面对。

图16-4 霁蓝釉白龙纹梅瓶(收藏于扬州博物馆)

图16-5 青花觚(来源于内蒙古蒙元历史文化展)

图16-6 主人对坐图（收藏于赤峰博物馆）

图16-7 人俑（收藏于陕西历史博物馆）

元人面对的是茫茫草原，草原的气候变幻多端，随水草游牧而居，变化是常态，他们勇于面对风云际会、勇于面对未知的下一个落脚点，这让我们欣赏到了元朝器物中的醇厚、旷达与劲健。

图16-8展示了元人出行的情况，用写实的手法呈现了元人所具有的粗犷、豪放、雄浑。

图 16-8 人物车马俑（收藏于西安博物院）

二、幽雅、绚丽的青花瓷

青花瓷为白地青花或青地白花的釉下彩瓷器。青花最早出现在唐朝，在元朝时成为经典。元朝的疆域横跨欧亚大陆，给各民族的交流带来了机会，青花瓷的产生是不同文化交流创造出来的，既有中国绘画题材与技术的发展，也有中国瓷器胎体技术与施釉技术的发展，还有西域"钴"染料的引进，是多种因素促成了元代青花的诞生。

钴是一种化学元素，是中世纪时琉璃生产的重要材料，穆斯林地区及西方很多建筑采用此材料。钴料经烧造呈现蓝色，故名青花，与中原地区的陶瓷技术相结合，便开启了大量创烧青花瓷的时代。

元代产生了一种白釉，人称卵白，此白的颜色给人以温和、醇厚、淳朴之感，在此之上产生的青花，有一种幽淡、静谧之感。青花瓷的花纹是在胎体上描绘后，施透明釉，经高温烧造而成。这种工艺制成的青花颜色蓝中偏灰，花样稳定，繁缛、富丽的花纹呈现出深幽的绚丽。

从图16-9～图16-24中可以看到青花瓷技术在各种造型上都有应用，成为元代留给后世的经典。

图16-9 青花缠枝牡丹纹罐（①、②收藏于山西博物院，③收藏于天津博物馆）

图16-10 青地白花云龙纹大罐（收藏于震旦博物馆）

图16-11　青花孔雀牡丹纹大罐
（收藏于震旦博物馆）

图16-13　青花四爱图梅瓶
（收藏于湖北省博物馆）

图16-14　青花龙纹梅瓶（收藏于山东博物馆）

图16-12　青花鱼藻纹大盘（收藏于震旦博物馆）

第十六章　元朝风格与设计——元风幽丽　209

图16-15　萧何月下追韩信纹梅瓶
（收藏于南京市博物馆）

图16-16　飞凤纹青花玉壶春瓶
（来源于内蒙古蒙元历史文化展）

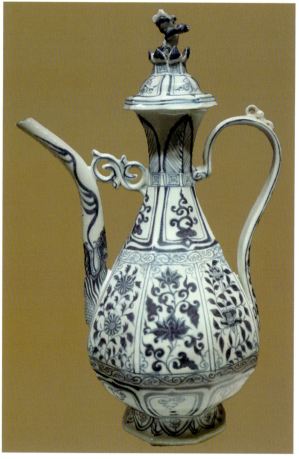

图16-17　青花水波莲荷纹玉壶春瓶
（收藏于震旦博物馆）

图16-18　青花花卉纹狮钮盖
八角执壶（收藏于震旦博物馆）

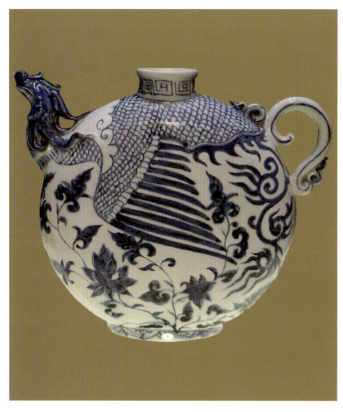

图16-19 青花凤首扁壶
（收藏于首都博物馆）

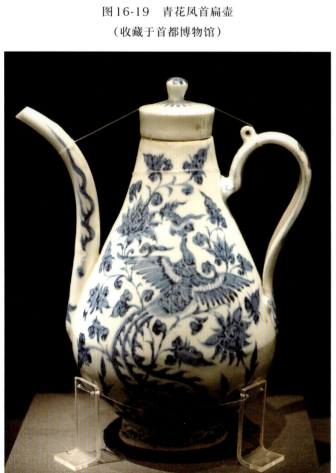

图16-20 青花凤穿牡丹纹执壶
（收藏于故宫博物院）

图16-21 青花四系扁壶
（收藏于震旦博物馆）

第十六章 元朝风格与设计——元风幽丽 211

图16-22 釉里红地白花暗刻云龙纹四系扁壶（收藏于故宫博物院）

元代既有在此之前形成的梅瓶、玉壶春瓶、执壶等器物，也有配合蒙古人、穆斯林人的生活习惯而出现的青花大罐、青花大盘、扁形壶等。元时出现的器形硕大、厚重，可谓疏朗、豪迈；扁形器物利于游牧骑马，显得舒朗、旷达；在器物造型的醇厚中传达着高贵与端庄。

元青花瓷器品种有蓝地白花、白地蓝花和青花釉里红三种，存世数量最多的是白地蓝花。

元青花的纹饰方式采用了东西融合的方法，如纹样的分层、分面所采用的分割方式，这是采用了穆斯林的装饰方法；如意云头纹、莲瓣纹等融合了西方文化。主题纹饰常采用中国式纹样，动物类的有龙、凤、鹿、麒麟、孔雀、大雁、鱼、水鸟等，植物类的有松、竹、梅、牡丹、芭蕉、灵芝、山茶、海棠、瓜果等；历史题材的人物画也是元青花瓷中广泛使用的内容，如"四爱图"（图16-13），这些主题纹饰主要画于器物罐腹、瓶腹、盘心、碗壁等处。

"四爱图"梅瓶的瓶身肩部饰凤穿牡丹，腹部饰青花四爱图，即王羲之爱兰、陶渊明爱菊、周敦颐爱莲、林和靖爱梅和鹤；足部饰仰覆莲纹，三层纹样以卷草纹、锦带纹为界，白釉泛青、色彩青翠、雅致。凤穿牡丹纹在许多器物上均有应用。图16-19为青花凤首扁壶，以昂起的凤首为流，以卷起的凤尾为柄，凤身绘于壶体之上，双翅展开于两侧；辅以壶口处的回纹与壶身的缠枝纹、火云纹等，彰显出自由、高远、秀峭。扁形的壶身造型透出自傲与英爽之气。历史事件的题材出现于器物之上，如图16-15中器物的图案是"萧何夜下追韩信"的故事，无论是主题人物图案，还是辅助花纹图案，线条语言在构图中通过粗细、弯曲程度、色泽深浅变化等，呈现出了萧疏、孤寂的风格。

图16-23 龙泉窑青釉露胎贴花云凤纹盘（收藏于上海博物馆）

图16-24 龙泉窑瓜楞荷叶盖罐（收藏于苏州博物馆）

三、疏朗、高贵的高足杯或高足碗

高足杯或高足碗（图16-25～图16-29）早在秦朝、唐朝时就出现过，盛行于元朝。高足杯杯身敦厚，采用了长柄小圈足造型，可把玩于手掌之中，也可供奉于高台之上，既有疏朗中的豪爽，也有庄重中的高贵。

图16-25　青花高足杯（收藏于赤峰博物馆）

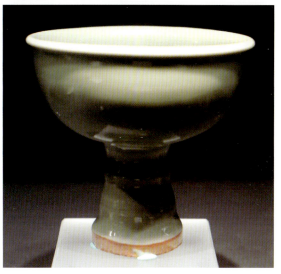

图16-26　红釉印花高足杯（来源于内蒙古蒙元历史文化展）　　图16-27　龙泉窑高足杯（收藏于保利艺术博物馆）

图16-28　釉里红高足杯（收藏于甘肃省博物馆）　　图16-29　绞胎高足杯（收藏于内蒙古博物院）

四、醇厚、喜悦的卵白釉瓷

元代以"卵白"一词来描述白色釉。白釉瓷色温和、醇厚、淳朴。一方面与青花配合，让人们在淳朴、广袤中体验到幽雅与绚烂；另一方面也被独自应用于器物之上。图16-30～图16-33为白釉瓷器，这些器物的造型不同于中原地区。图16-30为蒙、藏常用盛器，是仿木或金属制品而制作的器形，其他器物的造型取自于植物，生动有趣，透露出人们纯真、质朴、舒缓的诉求。

草原人的主要用色为白色，从成吉思汗、忽必烈等元代领袖们的画像中可以看到他们都是白色的着装，使人们有理由相信他们崇尚白色。在波澜壮阔的草原上，蓝蓝的天上白云飘，青青的草地上羊儿跑，大自然给人们提供了最简单、最有效的审美方式与审美结果：蓝天、白云，即晴空万里，风轻人静，气候宜人。青草、白羊，即是收获的喜悦。

图16-30 白釉多穆壶（收藏于首都博物馆）

图16-31 白釉提梁执壶（来源于内蒙古蒙元历史文化展）

图16-32 白釉葫芦形执壶（来源于内蒙古蒙元历史文化展）

图16-33 青白釉斑点葫芦瓶（来源于内蒙古蒙元历史文化展）

五、浑朴、明丽的漆器与金属器

漆器在楚国已盛行，元代的漆器造型规整，主要是实用器物（图16-34～图16-39）。不同的是，元代髹漆肥厚、浑朴，雕工圆润，如意云纹卷起，造型敦实，在淳厚中蕴含着舒朗。元朝的漆器以杭州、嘉兴为主产地，并且有了制造者的署名，张成、杨茂以雕漆著称，彭君宝以戗金、戗银闻名。

马可波罗到过元代宫廷，他在自己的游记中介绍：元廷使用的均是金属器物。图16-40～图16-42展示的不是元代宫廷器物，是江南一带富绅们的用品，从中可见云纹或如意云纹。无论是造型，还是花纹的线条，均具有元代的典型特色：用粗厚、流畅的线条，变化的边饰等表达着醇厚、质朴，让观赏者感受到器物中传达着的明丽与旷达。

图16-34 "张成造"剔红婴戏图盘（收藏于浙江省博物馆）

图16-35 朱漆菱花式盘（收藏于浙江省博物馆）

图16-37 剔犀如意云纹盏托（收藏于浙江省博物馆）

图16-36 剔犀如意云纹小碗（收藏于浙江省博物馆）

第十六章 元朝风格与设计——元风幽丽

图 16-38　剔犀如意云纹七层盒

（收藏于浙江省博物馆）

图 16-39　剔犀如意云纹委角方盘

（收藏于浙江省博物馆）

图 16-40　鎏金花瓣式银托盏

（收藏于无锡博物院）

图 16-41　如意云纹金盘

（收藏于南京博物院）

图 16-42　刻划牡丹如意云边金盏

（收藏于南京博物院）

六、多样、丰富的戏曲角色与生活诉求

从早期的敬神、敬鬼、敬天、敬地的仪式中,人们逐渐发展出了《诗经》《楚辞》《乐府诗》《唐诗》《宋词》等系列文学作品,用于赞颂、抒怀人们的情感。通过汉代、唐代的舞俑及魏晋顾恺之的《洛神赋》、宋代张择端的《清明上河图》等作品,可以看到文学作品与雕塑、绘画之间的联系。图16-43、图16-44展示了元代的舞台背景、演员的角色分配、戏曲的内容等。青花瓷器中也有不少戏曲题材。

图16-43前排五人,着戏装,为演员;后排五人为乐队,着元人常服;他们后面绘有布幔,左边一女子掀开一角向外窥视。图16-44是一个瓷枕,以雕塑镂空的方式呈现出了戏台演出时的场景,戏台上珠帘漫卷,众多演员正在演出一场戏剧,枕头不同的面有不同的场景,描绘了元代戏曲欣赏的故事性。

戏曲是元人生活中一种重要的消遣形式,才子、佳人、清官、贪官、妓女、侠女、儒商、义商、奸商、豪杰等成为人物模型出现在元代的戏曲中,如此广泛的题材折射出人们生活的状态,有对清明世道的祈祷、对浪漫爱情的渴求、对平等权利的倾诉等,儒生进入基层后带来了思想的活跃、生活样式的丰富。

同一时期,全真教提出了"三教圆融",即理学、道教和禅宗三教的互摄、交融,呈现出顾瑛所说"儒衣僧帽道人鞋"混搭的局面。元代蒙古族的醇厚、旷达、劲健与汉族的精致、优雅、缱绻碰撞后,汇入了华夏文化的长河之中。

图16-43 杂剧壁画
(收藏于山西博物院)

图16-44　景德镇窑青白釉戏剧舞台人物纹枕（收藏于首都博物馆）

第十七章

明朝风格与设计
——明风峻雅

清俊 淳雅、静穆、恬淡、逸趣、妍丽、雄犷

图17-1 拙政园

图17-2 明朝书房（收藏于上海博物馆）

明朝（1368年~1644年）先期建都南京，后迁都至北京。明朝是一个大一统的时代，南方城市化进程显著，大批知识分子沉积于社会基层。明朝之前以皇家审美意识为主的器物设计，在明朝有所改变，越来越多的知识分子参与到对现实生活的设计之中。

科技领域产生了宋应星的《天工开物》、李时珍的《本草纲目》、徐弘祖的《徐霞客游记》、徐光启的《农政全书》、午荣的《鲁班经》、黄成的《髹饰录》等科技成果；有沈周、文征明、唐寅、仇英、祝允明为代表的吴门画派群体；有以冯梦龙、汤显祖为代表的文学家、戏曲家，创作了反映市民情趣的戏曲、通俗小说，产生了《西游记》《水浒传》等名著。文人们既在理论方面探索，也在现实中开展实践，他们将书画中的画面建成了园林与书房（图17-1、图17-2），同时拥有了计成的《园冶》、文震亨的《长物志》、李渔的《闲情偶寄》等众多讲述设计欣赏与设计实践的理论图书，对衣、食、住、行等各类器物给予了优、劣、雅、俗的评判。明朝的制瓷名家有何朝宗、赵慨、童宾等。

哲学领域出现了以王阳明为代表的"心学"，着重心性自由，主张一个人应该格物致知，通过对万事万物的体察思考来决定自己的行为，依靠"本心"来做事，向着人性化、内圣的方向发展。

明朝官方汇集华夏精粹编撰了《永乐大典》，保存了十四世纪以前中国所拥有的天文、地理、历史、文学、艺术、宗教、医学、军事等各科文献，总共有二万二千多种图书。

郑和七下西洋，前往东南沿海、印度洋、北非一带，与海外交流频繁。航海技术发达，罗盘技术可使船队在没有任何参考物的大洋上航行，船舶的隔水舱、垂直舵、平衡板等技术被印度船和阿拉伯船模仿。精美的丝绸、瓷器、漆器、纸张、木器、铸铁、冶钢等受到海外欢迎。葡萄牙等国的基督教和西方科学与思想开始进入中国。

明代科举以测验儒家经典知识作为考试依据，独尊朱子理学，儒家思想成为对君主绝对忠诚的教条。考试所用的每篇八股文都是相同的格式、字数，由破题、承题、起讲、入手、起股、中股、后股、束股八个部分组成，三年大比与乡试、殿试、会试三级制度成为科举定式。科举制度日益僵化，所选拔的官员越来越无法承担政务。

朝廷严酷的管理和八股文僵化的思想，使得大批文人回归到生活中开展设计，形成了峻雅的明朝风格，可从中感受到清俊、淳雅、静穆、恬淡、逸趣、妍丽、雄犷之美。

一、雄锐、散逸与淑雅的人物

图17-3画面左上角的文字为："往古儒流贤士丹青撰文众"，这是一幅呈现明代人们对古往儒流、贤士观点的画作。画面分为上下两部分。下部分人物的服装、帽子是官服或正规场所的着装，这些人身形谨严、雄锐、磅礴。上部分人物的着装与身形似在私人场所，显示出活泼、散逸的氛围。一幅画面中让人们解读出两方面的内容：第一，这个时期的人们对古代儒流、贤士非常欣赏。第二，人们对不同生活场所有所区分：正规场所与休闲场所，且呈现出不同的风格特征。

图17-3 往古儒流贤士撰文众图
（收藏于旅顺博物馆）

图17-4为一妆奁盒的盒面，画面有几组不同的人群，人们在亭子内下棋，有人相遇在亭子外，路上与山间有人骑马赶路，水边有三组人在交谈，画面生动，展现了文人的清逸、雅趣。左下角的军人与马也显示出人们生活中的从容与遒劲。同一时期还出现了不少雕塑俑，也呈现了不同的群体，或同一群体中人们生活的不同状态。可以看到此时画面会展示不同群体或是同一群体不同的生活风格。

明代中晚期产生了以江浙为中心的文化引领现象，众多"江南才子"成为人们关注的对象。唐伯虎（唐寅）点秋香成为戏文，祝允明、文征明、唐寅的才华被人们欣赏与传颂。文征明之孙文震亨作《长物志》，李渔作《闲情偶寄》、计成作《园冶》，这些著作对如何开展设计，如何进行建设，什么是雅致的品位等生活的各个方面进行了论述，提供了设计、建设、品评的内容与方法。画家沈周、仇英、徐渭等一批文人雅士，他们的画不仅在墙上、在庙堂，而是在人们的生活中一点一滴地展开了，如明式家具已成为经典。游历苏州园林让今天的人们可以穿越数百年与明人展开对话。图17-5是唐寅绘制的《孟蜀宫妓图》，画中有四名女子，发如乌云，身姿婀娜，身形纤细、淑雅，着装与配饰精致、细腻，温婉可人，呈现出明人的审美观。

明代的文人雅士成为书画家、戏曲家、小说家、造园家、家具设计师等，他们走进现实生活中，设计做到了"知行合一"，即设计者也是制作者、实践者，呈现出沉静、绰约与雅致之美。

图17-4 妆奁盒面（收藏于南京博物院）

图17-5 孟蜀宫妓图（唐寅作，来源于网络）

第十七章 明朝风格与设计——明风峻雅

二、简洁、雅致的家具

明代家具造型简练、圆顺、流畅，形成朴实、简洁、雅致的风格。家具以精密巧妙的榫卯、框槽结合部件，坚实牢固，工艺精美、细致，堪称中国家具的杰作。

家具品种有椅凳类、几案类、橱柜类、床榻类、台架类等，此外还有作为屏障之用的围屏、插屏、落地屏风等，图17-2为复原的明代书房局部，这些家具营造出了自然、幽静、雅致的空间，让书房中的人有安谧之感，用质朴的方式表达了对雅致生活的尊崇与对自然的热爱。

明代家具多用材料本色，色泽柔和、纹理清晰、自然，很少施用髹漆，通过擦上透明蜡来显示出木材本身质感的自然美。家具常用的木材有花梨、紫檀、鸡翅木、铁梨等硬木，也有楠木、樟木、胡桃木、榆木及其他硬杂木。明代家具以素面装饰为主，局部饰以小面积漆雕或透雕，朴素、大气，精美而不繁缛，纹饰图案有：夔纹、螭纹、凤纹、云纹、卷草纹、灵芝纹、牡丹纹、几何纹等，低调、沉稳地表达着人们吉祥美好的愿望。明代家具主要产地有三处：北京皇家的"御用监"，苏州与广州的民间生产中心。

图17-6 黄花梨五足内香几（收藏于上海博物馆）

图17-7 黄花梨有托泥四腿圆香几（收藏于中国国家博物馆）

图17-6、图17-7为香几，因上面置放香炉而得名。焚香是明人常常进行的祭祀仪式，如遇重大事件前，人们"沐浴焚香"，以显重视；"焚香操琴"是一种雅致的生活方式。香几多为圆形，造型挺拔、简净，单独或成双使用，自带一股清韵。

图17-8为圈椅，因靠背形状如圈而得名。其椅背连接着扶手，通体光滑、素雅、圆润，背部至扶手的线条柔婉，且与下方的空间疏远，通过方和圆、曲和直、硬与软的对比应用，简简单单的造型彰显出灵动的气韵。当人端坐于上，稍弯曲的背板为身躯提供了一个合适的支撑点，使身躯挺直而又不显僵硬，将手搭放于扶手之时，坦然与悠然并存，敦厚与雄锐并在，尽显谦逊的儒雅气质。

图17-9为交椅，其椅足为前后交叉的状态，可折叠，故而得名。沿着前椅足向上直至扶手处的造型，如行云流水一般顺畅、飘逸，有展翅欲飞、俯视天下之势。由于交椅可以折叠，不论室内野外，还是朝堂江湖，都方便使用，不少古典文学中都有对交椅应用情况的描述，尤其是"第一把交椅"，透过椅子寓意权力。人们通过器物的设计与实践在探索庙堂与山野相处的方式与方法。

图17-8 雕花圈椅（收藏于中国国家博物馆）

三、素洁、文雅的紫砂陶壶

紫砂壶产于无锡宜兴，因其独有的陶土泥料而得名（图17-10～图17-14）。紫砂壶造型一般有三类：筋纹形、自然形、几何形。筋纹形采用筋棱将壶体作若干等分，壶体或是瓜果、花瓣、云水等，通过棱纹形成一定的张力，整体造型稳健、优美，呈现出古朴、雅致的风格。自然形也称为花货，是以动植物的形态为造型，运用浮雕、半浮雕等手法形成的仿生形制。壶体表面变化多端，妙趣盎然。几何形又称光货，有圆器和方器；圆器柔和、温润、匀称、优美；方器方正，棱线直硬，表面平整，具有挺括稳重、敦厚阳刚之美；其表面为素面或仅用线条装饰，线条利落，器表平整光滑，造型简洁，素雅大气。紫砂壶常常在人们手中赏玩，其质朴、素洁、内敛、含蓄的风格受到文人雅士们的喜爱。

图17-10　徐友泉款瓦棱壶（收藏于重庆中国三峡博物馆）

图17-11　陈信卿款桶形壶（收藏于重庆中国三峡博物馆）

图17-9　黄花梨圆后背交椅（收藏于上海博物馆）

图17-12　时大彬款友蛋壶（收藏于重庆中国三峡博物馆）

四、隽秀、文气的折扇

早期扇子是以鸟羽制成的，后来逐渐有竹编扇、蒲草扇、芭蕉扇、纸扇等。早期为纨扇，在西汉时期已普遍使用，并且在扇面上有了与书画艺术结合的条件。折扇在南宋时期已经出现，到了明代成为时尚。图17-15～图17-17为折扇的扇面，此类扇子可收可放，自由开合，透着隽秀与文人气，当人们随手折叠或铺展扇面时，常常显示出洒脱与飘逸。折扇造型常常作为窗户的构型出现在建筑上。图中扇面采用了泥金纸，以冷金为主，用金厚重、明亮，俗称"红金"，可谓雅俗共赏。

图17-13　承云从款四方棱花壶（收藏于重庆中国三峡博物馆）

图17-14　梅汝川款吕纯阳醉酒水盂（收藏于重庆中国三峡博物馆）

图17-15　陈遵花鸟扇面（收藏于杭州博物馆）

图17-16　陈洪绶行书扇面（收藏于杭州博物馆）

图17-17　唐寅行书七绝扇面（收藏于重庆中国三峡博物馆）

五、温润、柔婉的甜白釉瓷

甜，本是一种味觉，而瓷器中产生了一种与此相关的白，人称甜白。景德镇、泉州德化窑都有，瓷器釉色柔和悦目，似绵白糖色，能让人产生"甜"的感受而得名。其瓷质精细、洁白、致密、温润，釉面以乳白为大宗，还有纯白、象牙白、白釉泛青或闪灰等，色泽光润、明亮，如脂似玉，故也有猪油白、象牙白、鹅绒白等称谓，国外称其为"中国白"（图17-18～图17-28）。

图17-18 甜白釉僧帽壶（收藏于故宫博物院）

何朝宗生活在明代嘉靖、万历年间（1522年～1600年），被人们誉为"瓷圣"。图17-25～图17-28均有他的落款。这些瓷塑造型优美、洗练，其身形翻转自然，呈现出圆劲、凝重、舒展的状态。清晰、简洁、柔婉而又潇洒的线条刻划出衣纹的状态：悠扬、婉转、淡然。精准地表现了人物微妙的内心世界。图17-24中喜笑颜开的罗汉，身形舒展，大肚可以容纳世上难容之事；图17-25中的人物微微的笑意让人们分享到他沉浸其中的思索；图17-26中的人物面对汹涌翻卷的海浪，闭目沉思时神色安然、从容、坚定；图17-27、图17-28中的观音低首垂目，饱满丰润，神情慈祥，让观者超然物外。

图17-19 德化窑白釉象耳弦纹尊（收藏于故宫博物院）

图17-20 德化窑白釉弦纹双耳三足炉（收藏于故宫博物院）

图17-21　甜白釉暗花凤纹梨式壶
（收藏于扬州博物馆）

图17-22　白釉镂雕笔筒（收藏于苏州博物馆）

图17-23　德化窑白釉双耳炉
（收藏于旅顺博物馆）

图17-24　德化窑张寿山款负书罗汉像
（收藏于广东省博物馆）

图17-25　德化窑白釉鹤鹿仙人雕像
（收藏于故宫博物院）

图 17-26　德化窑白釉达摩像（收藏于故宫博物院）

图 17-27　德化窑白釉观音像（收藏于故宫博物院）

图 17-28　德化窑白釉观音坐像（收藏于故宫博物院）

六、光润、明丽的青花

明青花是在卵白釉基础之上的创设，甜白釉的应用使明青花具有光润、洁白、肥腴的胎基，仿若在凝脂上作画。胎色白中闪灰，致密、精细；而所采用的釉色泛青，宛如蓝宝石般葱翠、幽深、鲜艳、明丽、绚烂；线条纤细、清晰，造型规整、庄重、典雅、灵秀。花纹构型中保留少许伊斯兰元素，更多的是传统构型方式与题材，可看到龙、凤、鹤、花草、建筑等纹样。另外，青花在器物表面所占比例减少，出现了大面积的"留白"现象（图 17-29～图 17-32），明青花瓷疏朗、温润、儒雅、平静、清丽。

图 17-29　宣德青花莲塘龙纹盘（收藏于震旦博物馆）

图 17-30　宣德青花一把莲盘（收藏于扬州博物馆）

图17-31 青花云鹤纹盘（收藏于辽宁省博物馆）　　图17-32 青花婴戏纹盘（收藏于辽宁省博物馆）

明朝器物造型有的在玲珑、端巧中透着俊秀，有的如天球瓶一样大（图17-33～图17-35），但都是胎骨厚重，造型端庄、雄秀。图17-36～图17-38的长颈瓶结合青花艺术，呈现出挺拔与俊秀之美。

图17-33 永乐青花龙纹扁壶（收藏于天津博物馆）　　图17-34 宣德青花云龙纹天球瓶（收藏于天津博物馆）　　图17-35 宣德青花云龙纹天球瓶（收藏于震旦博物馆）

图17-36 青花八仙人物纹瓶（收藏于天津博物馆）　　图17-37 青花夔龙纹瓶（收藏于四川博物院）　　图17-38 成化凤穿花纹长颈瓶（收藏于震旦博物馆）

228　博物馆里的中国设计与风格

七、清丽、淡雅的斗彩

斗彩又称逗彩（图17-39），是在明成化年间创烧出来的一种瓷器。它将釉下青花与釉上彩相结合来装饰瓷器的，釉下青花与釉上诸彩相互斗妍媲美，故称"斗彩"。釉上彩一般有三四种不同色彩，呈现出姹紫嫣红的亮丽之美。斗彩瓷器胎质精细、洁白，釉色非常光润，似羊脂玉，一般采用小巧玲珑的造型，瓷器中透着清丽、淡雅、天真与烂漫。瓷器上的绘画题材多为花鸟、团花、莲花、葡萄、团龙、竹子、云纹等图案，绿彩为叶，黄彩为蔓，紫彩为果实。

斗彩在胎体上先以青花勾画花纹的轮廓线或部分花纹，在高温下第一次烧造，然后在青花轮廓线内填以红、黄、绿、紫诸彩，再经低温二次烧造而成。只因成化皇帝喜精细、轻盈小巧之物，其最有名的是鸡缸杯和葡萄杯。如此小巧精细之物，可把玩于手掌之中，既可欣赏器物上的花卉与精致的胎体，也可盛一杯香茗，避开纷扰，静心于眼下的生活。

八、雅致、清逸的顾绣

江南经济发达，使大量文人雅士常居江南，吴门画派中的周臣、沈周、文征明、唐寅、仇英、文伯仁、文嘉、陈淳、居节、谢时臣、陆师道、王穀祥、陆治、钱谷、周之冕、周天球、李士达等人先后在江南居住，从事绘画创作，展现江南地区秀美明净的风景，创造出了潇洒劲秀、明净文雅的笔墨艺术品。江南桑麻遍野，人人皆习织业，故产生了大量织绣作品。图17-40为一幅顾绣花卉翎毛走兽图册，来源于顾氏家族，可谓"画绣"，构图精致，针法精湛，风格雅致、清逸。

图17-39 斗彩杯（收藏于大英博物馆 拍摄者：王琦）

图17-40 顾绣花卉翎毛走兽图册（收藏于南京博物院）

九、富贵、秀媚的五彩瓷

图17-41～图17-46为彩瓷，有三彩瓷，也有五彩瓷。依颜色多少而定。其工艺采用釉上彩方法，即在胎体釉面上施以彩色。彩色常有红、黄、绿、紫、蓝等，通过浓艳、斑斓的颜色形成富贵、秀媚之感。

图17-43 五彩鱼藻纹蒜头瓶
（收藏于故宫博物院）

图17-45 五彩穿花龙纹蒜头瓶
（收藏于中国国家博物馆）

图17-41 五彩鱼藻纹盖罐
（收藏于故宫博物院）

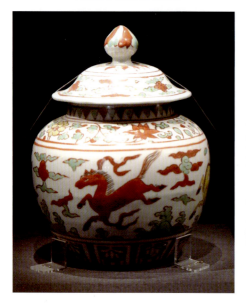

图17-42 五彩天马纹盖罐
（收藏于故宫博物院）

图17-44 五彩云凤纹葫芦式
壁瓶（收藏于故宫博物院）

图17-46 五彩瑞兽纹葵瓣觚
（收藏于中国国家博物馆）

十、尊贵、吉祥的建筑及其构件

秦砖汉瓦历经一千五百多年，无论是技术水平，还是生活意义，在建筑领域已越来越丰富。图17-47为华表，也称桓表或望柱。华表有悠久的历史，早在尧舜时代就有了原型，从一根木柱发展而来。现在柱身上雕刻有云龙，柱顶蹲立一只神兽，谓之石犼或朝天吼；下方横插云板，由古时的"诽谤木"而来；华表造型端庄、挺拔、秀丽，放在门前，对于外出的人而言，有"望君归"之意；对于居住在内的人而言，有"望君出"之义。无论归，还是出，都是亲人们之间的惦念与挂怀。由图17-48中可以看到宫殿外的各类立柱，它们划分着生活的空间，也标志着空间的意义，图17-49展示了立柱的结构形态，在规整立柱上方的柱头，人们用各种雕塑呈现美好、吉祥的愿望。图17-50为抱鼓石，采用鼓的造型，常用于大门的入口，彰显门户的观念：敦厚、尊贵、吉祥等。

图17-48　宫殿（收藏于故宫博物院）

图17-49　龙凤立柱（收藏于南京博物院）

图17-47　华表（收藏于故宫博物院）

图17-50　凤纹抱鼓石（收藏于南京博物院）

十一、浓郁、靡丽的琉璃

琉璃是一种不透明的铅釉料,早在唐代就被用于建筑屋顶的一些材料上,明代宫廷建筑几乎全部采用琉璃瓦。照壁、庙宇、佛塔以及器具中也常常用到(图17-51 ~ 图17-55)琉璃,有仿制玉石、玛瑙、珊瑚等的效果。琉璃以铅硝为基本助熔剂,烧制时温度为800 ~ 900度,较之常规瓷器温度较低。琉璃釉面多使用铜、铁、钴、锰、锡等金属粉末,使其氧化变色。釉色为黄绿、褐、黄、蓝、白等几种,釉彩绚丽鲜亮、晶莹剔透、变幻瑰丽,有光彩夺目,流光溢彩的效果。

图17-54为三彩盘龙琉璃香炉,造型束颈、鼓腹,双耳稍外撇,三足为三兽首,透着凝重与大气;一条龙横飞其上,回首之间似在巡视着它的疆域,彰显着雄健、威猛的身姿;通体施黄釉,色泽浓郁、靡丽。

图17-52　四狮负莲(收藏于山西博物院)

图17-51　琉璃狮座
(收藏于山西博物院)

图17-53　黑釉宝刹脊座(收藏于山西博物院)

图 17-54 三彩盘龙琉璃香炉（收藏于山西博物院）

图 17-55 琉璃狮子（收藏于山西博物院）

第十七章 明朝风格与设计——明风峻雅 233

十二、庄重、雅致的帽子

"身体发肤,受之父母,不敢毁伤,孝之始也。"这出自《孝经》,身体的发肤与孝相联,古人无论男女都留长发。与头发整理相关的帽子成为重要的标志。不同帽子在人生不同的重要节点有不同的寓意。

图17-56、图17-57为万历皇帝的帽子,一为金丝所制,一为乌纱所制。其形制由前屋、后山、折角三部分构成,造型规整,彰显出王者的庄重与雄浑。在后山上均有两条生动、矫健的龙。图17-58为九龙九凤冠,有3500颗珍珠和150颗各色宝石。此冠用漆竹扎成帽胎,以丝帛面料制成,前部饰有九条金龙,口衔珠滴,有八只点翠金凤,后部也有一只金凤,共九龙九凤。凤冠后侧下部左右各饰点翠底嵌金龙珠滴三博鬓。这是皇后和妃嫔头上戴的帽子,现在人们常常在结婚时戴凤冠。相比前面这三顶帽子,图17-59和图17-60中的帽子让人们感到轻松、雅逸。

图17-56 金翼善冠(仿,收藏于首都博物馆)

图17-57 乌纱翼善冠(仿,收藏于首都博物馆)

图17-58 九龙九凤冠(收藏于中国国家博物馆)

图17-59 竹编宽沿纱帽(收藏于山东博物馆)

图17-60 朱漆加纻宽沿帽(收藏于山东博物馆)

第十八章

清朝风格与设计
——清风懿美

华贵　宏放　雍雅　恬淡　清秀　俊美

清朝从1644年清军入关到1911年退位，国号"大清"，建都北京。

清代有不少传教士进入中国各地，也进入了宫廷，东西方文化在宫廷层面进行了广泛交流，西方的历法、机械钟表、绘画中的透视法与解剖法等进入中国人的视野与生活中。在这种交流与碰撞中，天文学家梅文鼎在《历学疑问》中提出了"西学中源，会通中西"的思想，制瓷专家唐英在《陶人心语》中提出了"厚古不薄今"的思想。乾隆时期，纪晓岚纂修了《四库全书》，王夫之提出了情景交融的创作思想，石涛建立了生命创造的美学思想；诗坛出现了神韵、性灵、格调、肌理流派；小说方面有金圣叹、李贽等的贡献，产生了《红楼梦》《镜花缘》《聊斋志异》《老残游记》等以男女爱情为主题的小说。

清政府在康熙、雍正、乾隆三代以后，逐渐闭关锁国。为统一思想，方便管理，清廷对内大兴文字狱，形成畏惧不测君威的局面。主流文化越来越僵化、消沉。对外交往中，西方的各种礼物，如机械钟表，只是成为皇帝的玩物，水压喷泉和流水技术也被用来作为帝王庭园的装饰和灌溉方式。清廷在收复台湾后再也不能制造出远洋大船，西方传教士所带来的天文学只能在钦天监中出现。明清之间战争时还有大量的火炮等重武器，清政权稳定后，中国再没有出现制造和修理火器的兵工厂，直到清末洋务运动时才重新续上。面对世界的巨大变化，清廷没有意识到一个新时代——工业时代的来临。清廷的固步自封，使中国错失了世界大发展的二百多年。

清中晚期，没有国之重器，人们在日常生活中投入了大量的精力，评书、相声、戏剧、杂耍、赏花、斗虫、遛鸟等各种娱乐活动日益繁荣。京剧作为标志之一，受到广泛的欢迎与重视。为庆祝乾隆皇帝八十大寿，流行于安徽地区的徽戏进京，四大徽班和以后陆续进京的徽班，撷取了秦腔、昆曲、汉剧等地方戏的精华，融合北京方言及北京流行的各种小曲，创造出了一个全新的剧种——京剧。清代生活用品有中规中矩的造型，装饰繁缛成为清代物品的主要特征（图18-1、图18-2），清朝风格在懿美中蕴含着华贵、宏放、雍雅、恬淡、清秀、俊美等元素。

一、各类人物

图18-3～图18-6采用了三种不同的绘画方法，表现了不同人物的状态。

图18-3为崇庆皇太后，是乾隆（图18-4）的母亲，两人穿着朝服，彰显着皇家的威严、端庄、高贵。这是结合了西方人物像绘画方法而绘制的，整体构图对称、规整，画面犹如今天的相片一样，让人们仿佛看到了真人。利用透视方法，画面有一个聚焦点。人体结构显现了解剖学原理，画中人的关节和部位精准到位，在纹样装饰上丝丝入扣，显得处处严谨，形成与现实一样的效果。清代有不少传教士带着西方文艺复兴后在科学与艺术领域取得的成果进入中国，清廷的人物画像基本上结合了西方的绘画方法。

图18-5是费丹旭为重庆巴县学者王劼所作，费丹旭是浙江乌程人，以仕女画享誉画坛，与改琦并称"改费"。画中男主人有儒雅、高洁之风，也是中国文人所倡导的身体语言与精神状态，包括画中树

图18-1　金漆雕龙纹有束腰带托泥七屏式宝座
（收藏于中国国家博物馆）

图18-2　正面珐琅、背面黑漆描金大座屏与黑漆描金龙纹山水纹宝座（收藏于南京博物院）

木、山石与小草，通过冷澹、疏简、瘦挺的构图，呈现着这类人物的温婉、娴雅与骨秀。

图18-6为通草画，是清中晚期在广州产生的一种画种，它被绘制在由通草茎髓切割而成的薄片上，尺幅较小，多以市井各种人的生活为主题，画面色彩鲜艳，是水粉画。这是中西结合的绘画方法，既有西方绘画的原理，也有中国绘画的写意，人们过着安宁、柔润与明丽的生活。这些画主要被国外博物馆收藏。由于清廷规定所有的外贸都要通过广州十三行这个机构进行，因此，在广州十三行周围聚集了大量的外国商人，而表现中国风土人情的通草画成为这些外国商人了解中国，向朋友介绍中国的载体。

图18-3　崇庆皇太后像（收藏于故宫博物院）

图18-4　乾隆像（收藏于中国国家博物馆）

图18-5　费丹旭作好消息图卷（收藏于重庆中国三峡博物馆）

图18-6　通草画（收藏于广州博物馆）

二、巍峨、壮丽的宫廷建筑

故宫和天坛建于明朝（图18-7、图18-8），毁于明末李自成之手，清朝进行了复原，为明清两代皇室居住与办公的场所。传统建筑以土木结构为主体，将中国人的哲学思想和审美情趣融为一体。

唐代以前的建筑几乎没有遗存，一方面是因为历代传统建筑以土木为主体材料，不易保存；另一方面是因为在朝代更迭中往往采取了摧毁式的方式，地面建筑难以留存。唐代以后也只是在偏远的地方保存着少量建筑，如山西五台南禅寺大殿和佛光寺东大殿、芮城广仁王庙大殿、平顺天台庵大殿等四座唐代木构建筑。从留存下来的遗址、图版、画像及实体建筑中，可以看到各代建筑尽管风格不同，但其建筑结构的样式基本一样，有围墙、庭院、亭台、楼阁、水榭等；基本上是在平面上有立柱，四周围以门窗形成空间；在屋顶、屋脊上有各种象征意义的装饰，有飞檐、攒尖、仙人瞭望、神兽守护等，这些元素的创造形成了中国宫廷和民间建筑的特色。

中国宫廷建筑的结构、用色等彰显出巍峨、壮丽、宏阔的景象。

图18-7　故宫　　　　　　　　　　　　图18-8　天坛

三、浑厚、富丽的家具

将清代家具与明代家具进行比较，两者品类基本相同，即人们生活中所用的家具样式和类别基本一样，只是两者之间的风格品位不同。如果说明代家具朴实、简洁、雅致，那是文人生活的观念；清代家具则富丽、豪华、浑厚，体现的是清廷生活的观念。

清代家具造型浑厚、庄重，尺寸较为宽大，形成雄健、宏阔的气势；其装饰颇为繁缛、华丽，通过雕刻和镶嵌，使家具通体被雕刻而不留空白（图18-1、图18-2）；或利用多种材料进行镶嵌，常见的镶嵌有瓷嵌、玉嵌、石嵌、珐琅嵌、竹嵌、螺钿嵌和骨木嵌等，显得富丽、豪华。

图18-9、图18-10中的香几，同样是人们焚香的用具，与明代香几相比，似乎看到焚香之人着装一定是华丽、富贵的，相关的器物也是浓重、宏丽的。在清代产生了大量的祈福、祈寿、祈安等词语，这些词语甚至直接被用在了各种器物与家具之上。

图18-11～图18-13为各种太师椅，此椅为屏背式扶手椅，用官职来命名，椅子成为了权力与地位的象征。

太师椅的靠背板、扶手与椅面形成直角，似三面屏风围起（也有五面屏风的），如此造型使椅子严谨而庄重；用料厚重、宽绰，座面加大，腿部粗壮，显得体态丰硕。太师椅造型像宝座一样雄伟、壮阔，突出了主人的身份与地位，彰显出尊严与高贵。图18-13展示了太师椅摆放的情况，一般是一对椅子与一个茶几放入客厅之中，既是主人身份的象征，也便于人们识别主位与客位。

图18-9　紫檀有束腰倒垂如意腿带托泥香几（收藏于中国国家博物馆）

图18-10　金漆高束腰雕龙纹五腿圆几（收藏于中国国家博物馆）

图18-11　紫檀有束腰卷珠足西洋式扶手椅（收藏于中国国家博物馆）

图18-12　慈宁宫雕花椅（收藏于洛阳博物馆）

图18-13　嵌大理石红木太师椅与茶几（收藏于南京博物院）

四、华丽、富贵的螺钿装饰

图 18-14 ~ 图 18-17 为螺钿嵌器物,那闪闪发亮的蚌壳镶嵌到器物之上,有华丽、灿烂、富贵之感。

螺钿取材于蚌壳,将蚌壳的珠光层磨薄、磨光,将磨后的薄片制成人物、花草、鸟兽等纹样嵌入预先雕成的凹形图案内,再髹一层光漆,之后再磨平抛光,使其露出钿片。图 18-14 应用蚌壳材料不同的颜色,如蝙蝠、团花用深色,万字纹、缠枝用浅色,从而在黑漆上形成丰富的层次,实现富丽、雍贵之效果。图 18-17 为绣品,其座为螺钿,使器物整体更显华丽。

图 18-14 黑漆嵌螺钿圆盒
(收藏于天津博物馆)

图 18-15 黑漆嵌螺钿团花纹盒
(收藏于浙江博物馆)

图 18-16 酸枝木镶螺钿公座椅
(收藏于杭州博物馆)

图 18-17 白缎绣花鸟屏(收藏于四川博物院)

五、鲜艳、繁缛、富贵的剔红或雕红漆

图 18-18 ～图 18-20 为剔红器物，也称为雕红漆、红雕漆。漆器历经几千年的发展，红色漆器由于"朱厚、色鲜、红润、坚重"的特征，能更好地表达清人的喜好，故得到了更丰富的发展。剔红就是在器物的胎型上涂上几十层朱色大漆，待漆干后雕刻出浮雕的纹样。根据漆色的不同，有剔红、剔黄、剔绿、剔黑、剔彩、剔犀之分。

图 18-18 为牡丹纹圆盒，剔红后形成了肥厚、饱满、光润的牡丹立体纹样。图 18-19 中器物的盒底髹黑漆，盒面髹红漆，漆色浓艳、纯正；通体剔刻花纹，线条流畅，花卉的构型呈现出吉祥喜庆之意。图 18-20 为剔红花卉纹方桌、方凳，通体剔雕花卉，繁缛、茂密的装饰，浑厚、精致的造型，彰显着富贵。

图 18-18　雕漆牡丹纹圆盒（收藏于天津博物馆）　　图 18-19　剔红牡丹双喜纹亚字形盒（收藏于浙江博物馆）　　图 18-20　剔红花卉纹方桌、凳（收藏于上海博物馆）

六、华丽、高傲的掐丝珐琅与景泰蓝

图 18-21、图 18-22 为掐丝珐琅器物。珐琅是引进的色料，可以如釉一样使用，是一种矽酸盐和硼酸盐的混合波化物质，质硬、耐擦，适于彩绘或装饰，常以铜胎或瓷胎为体，在其表面敷以珐琅彩，烧制成珐琅器。珐琅器可分为掐丝珐琅、画珐琅、錾胎珐琅、浮雕珐琅等多个品种。

掐丝珐琅是因工艺制作方法而命名的，一般是在金、铜胎体上，以金丝或铜丝掐出图案，依图案中的颜色依次上珐琅釉彩。填上各种颜色的珐琅经焙烧、研磨、镀金等多道工序而成。在十二世纪，掐丝珐琅工艺传入中国，并在明朝宣德、景泰时期的宫廷内有制作，当时其底色多辅以蓝料，所以有景泰蓝之称。清宫养心殿造办处同时开展了在铜胎、陶胎、瓷胎、玻璃胎上画珐琅的技术研制，故清代时珐琅器多，名称也多。

掐丝珐琅既有珐琅彩的浓艳，又有金丝的闪亮，颜色五彩斑斓，形成华丽、绚烂之感。图 18-21 为掐丝珐琅宝相花纹钮狮高足炉，显得高贵华美；图 18-22 的造型显得浑厚、高傲。

图 18-21　掐丝珐琅宝相花纹钮狮高足炉（收藏于天津博物馆）

图18-22 掐丝珐琅带盖鼎式炉
（收藏于南京博物院）

图18-23 乾隆金嵌宝金瓯永
固杯（收藏于故宫博物院）

图18-24 蓝釉描金粉彩开光
转心瓶（收藏于南京博物院）

七、尊贵、豪华的金杯

图18-23为金瓯永固杯，此杯为清廷元旦开笔仪式时的专用器物。每年正月初一，清廷举行开笔仪式，皇帝用此杯盛酒主持仪式。此杯装饰繁密，通体錾刻缠枝花卉，其上镶嵌数十颗硕大的珍珠，共计21颗红、蓝宝石和粉色碧玺，灿烂夺目，显示着尊贵与豪华。杯两侧为双立夔耳，夔龙向上奔腾，夔龙头顶有宝相花并嵌一颗珍珠，象征着生机与威严；底部是三象首；造型呈鼎式，显得稳重、遒劲。杯为圆形口，杯边刻有回纹，杯口边铸有"金瓯永固""乾隆年制"篆书，"金瓯"寓意国家政权，取名"金瓯永固"，反映了清廷希冀政权永远保持下去的愿望。

八、精巧、有趣的转心瓶

图18-24和图18-25为转心瓶，也称为交泰瓶、转颈瓶等，其"内瓶"是可以旋转的，这是在一个镂空的瓶内，套装一个可以转动的内瓶形成的。由于内瓶、外瓶各有画面，且外瓶镂空，人们通过镂空处可以看到转动的内瓶，内瓶画面因转动而生动起来。转心瓶整体造型富有层次感，显得精巧、灵活。

图18-24转心瓶的内图为皇帝围场打猎的场景。木兰围猎一直是清皇宫非常重大的活动，意在激励子孙不忘根本，保持尚武的精神，此瓶外部的镂空部分为山水植物，旋转起来的画面生动地展现了人们打猎时的激情。

图18-25转心瓶的内图为八仙，此瓶撇口、长颈、折肩、圈足外撇，造型秀美；颈上有一对红釉描金螭龙耳，造型简洁、飞扬；内壁施松石绿釉，瓶颈以紫地粉彩装饰，绘缠枝花卉纹，有秀气、温润、妍丽之美；瓶颈转动，人、器结合，明暗互现，仿佛动画。

图18-25 粉彩暗八仙纹双耳转心瓶
（收藏于故宫博物院）

九、浓艳、雅致的洗

洗是书房用品，用于洗涮毛笔（图18-26、图18-27）。清代书房充满了喜庆与吉祥，这两个洗采用荷花、荷叶造型，取"出污泥而不染"的寓意，造型精巧、雅致，虽颜色浓艳，但给人以清新、秀气之感。

十、和合、吉祥的合欢瓶

合欢瓶也称双联瓶（图18-28～图18-30），将两个独立分开的瓶子在中间联在一起，此造型早在仰韶文化时期就有，以后各朝也有出现。清朝的双联瓶被赋予文化意义，象征着合欢、欢好、和合、吉祥，是对婚姻表达的一种祝福，期盼着夫妻和睦，家人团结，幸福美满。器物造型优美、端庄，通体饰繁茂的花纹，或浓艳，或清雅。

图18-26　粉彩荷花式洗（收藏于湖北省博物馆）

图18-27　孔雀绿釉荷叶式洗（收藏于首都博物馆）

图18-28　粉彩宝相花纹双联瓶（收藏于天津博物馆）

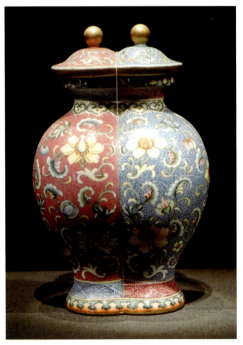

图18-29　胭脂红、蓝地轧道珐琅彩折枝花纹合欢瓶（收藏于故宫博物院）

图18-30　珐琅彩龙凤纹双联瓶（收藏于上海博物馆）

十一、优雅、高贵的凤冠

图18-31为凤冠,沿用明朝工艺,在帽子的框架上采用翠鸟羽饰与点翠工艺装饰,使凤冠艳丽而又沉静;饰以龙、凤、珠宝,呈现出端庄、优雅、高贵的气质。

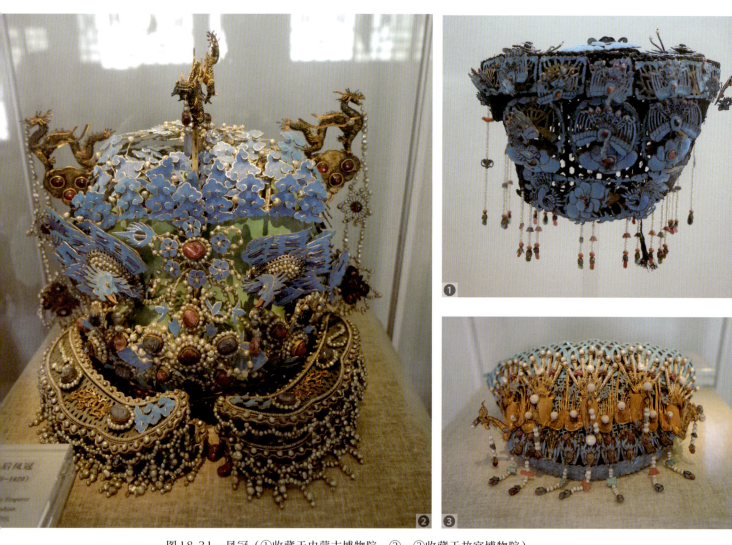

图18-31 凤冠(①收藏于内蒙古博物院,②、③收藏于故宫博物院)

十二、纤秾、富丽的金彩瓷器

金彩瓷器是在瓷釉胎上采用描金的方法获得图案的,此方法很早就在漆器上使用了。清代创烧出了许多流传至今的中国釉彩,有豆红釉、郎窑红釉、炉钧釉、粉红釉、胭脂釉、霁红釉、霁青釉、霁蓝釉、冬青釉等,在这些釉彩之上再进行通体描金,彰显着清代纤秾、精艳、富丽的审美。图18-32～图18-37呈现了几种不同釉色胎体上的金彩。图18-36为霁蓝地粉彩描金缠枝牡丹纹双燕耳尊,原摆放在圆明园海晏堂,此尊瓷质精美,釉面温润,花纹细腻,色彩瑰丽,造型端庄,用霁蓝色釉象征河清,燕与晏谐音,寓意"海晏河清,四海升平"。

图18-32 蓝地金彩三管葫芦瓶(收藏于上海博物馆)

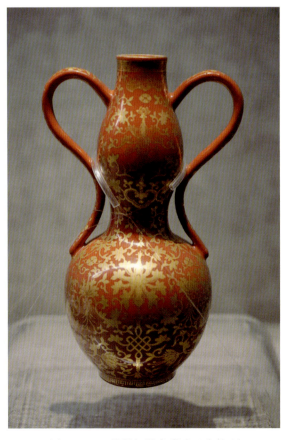

图18-33 珊瑚红地金彩暗八宝纹双耳大吉瓶(收藏于扬州博物馆)

图18-34 冬青釉金彩螭耳瓶(收藏于辽宁省博物馆)

第十八章 清朝风格与设计——清风懿美 245

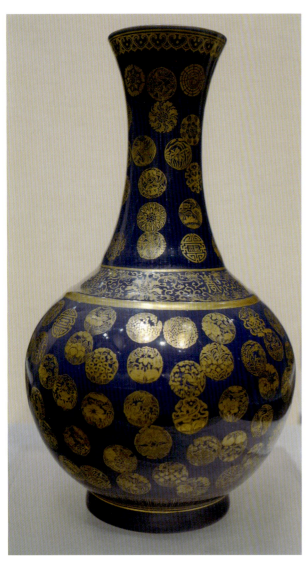

图18-35 霁蓝釉金彩皮球锦纹瓶
（收藏于南京博物院）

图18-37 蓝地金彩团花纹瓶
（收藏于上海博物馆）

图18-36 霁蓝地粉彩
描金缠枝牡丹纹双燕耳尊
（收藏于中国国家博物馆）

十三、华贵、雍雅的瓷母瓷器

图18-38被称为瓷母,源于器身自上而下装饰的釉、彩达十五种之多。有金彩、珐琅彩、粉彩、青花、斗彩、仿哥釉、松石绿釉、窑变釉、粉青釉、霁蓝釉、仿汝釉、仿官釉、酱釉等,集釉、彩之大成。瓶的腹部为主题纹饰,是在霁蓝釉描金开光粉彩上的吉祥图案,共十二个开光,其中六幅为写实图画,分别为三阳开泰、吉庆有余、丹凤朝阳、太平有象、仙山琼阁、博古九鼎;另六幅为锦地"万"字纹、蝙蝠、如意、蟠螭、灵芝、花卉,分别寓意万、福、如意、辟邪、长寿、富贵。此瓷器不仅集中体现了当时高超的制瓷技艺,且传世仅此一件,综合展示了清代华贵、雍雅的生活观念。

图18-38 各种釉彩大瓶(收藏于故宫博物院)

十四、清新、繁丽的珐琅彩瓷器

图18-39、图18-40为珐琅彩,也称画珐琅,采用的是在瓷胎或铜胎上直接上釉的方法。珐琅釉彩的浓艳,结合清代器饰的繁丽,其制作精美、细致,釉色温润、细腻,很好地诠释与表达了清朝皇家,特别是乾隆时期的喜好:清新、繁丽。

图18-39 铜胎画珐琅蝠桃八宝纹盘(收藏于天津博物馆)

图18-40 珐琅彩勾莲纹象耳瓶(收藏于故宫博物院)

第十八章 清朝风格与设计——清风懿美

十五、秀润、柔美的粉彩瓷器

图18-41～图18-43为粉彩，粉彩又有软彩之称。它是由珐琅彩和五彩工艺衍生出来的一种工艺。制作粉彩时，先将瓷胎在高温下烧成白瓷，在其上用墨线起稿，在图案内涂上一层可作熔剂，也可做白彩的玻璃白，再用这些彩料在玻璃白上描绘，最后烧制而成。色深者华贵而深凝，色浅者艳丽而清逸。但总体上看，由于玻璃白的作用，颜色产生粉化效果，图案呈现出渲染技法的特性，使所用彩纯度降低，出现红为淡红，绿为淡绿的情况，有一种柔美、鲜亮、粉润的视觉美。

图18-42　粉彩万花石榴尊（收藏于扬州博物馆）

图18-41　粉彩龙凤穿牡丹图双耳瓶（收藏于故宫博物院）

图18-43　彩堆帖螭龙纹瓶（收藏于辽宁省博物馆）

十六、高贵、尊严的黄釉瓷器

黄釉为清廷御用色（图18-44～图18-47），彰显皇室的至高无上。据《钦定四库全书·史部·国朝宫史卷十七》所述，皇帝可以无限额地使用里外皆为明黄釉的瓷器；皇太后和皇后可使用纯黄瓷器，但每年的份额有限定；皇贵妃只能使用里白外黄的瓷器；贵妃使用黄地绿龙瓷器；嫔使用蓝地黄龙瓷器；贵人使用绿地紫龙瓷器；常在使用五彩红龙瓷器；答应使用各式杂釉瓷器。通过使用颜色的规定，朝廷以此彰显皇家的尊严与高贵。图18-44为同治皇帝大婚（1868年）准备的礼器，总计7290件，通体黄色，色彩浓艳，采用了"双喜""喜鹊登梅"等吉祥图案。

图18-44　黄地粉彩梅鹊纹餐具（收藏于辽宁省博物馆）

图18-45　黄釉莲瓣形盘（收藏于辽宁省博物馆）

图18-46　黄釉刻花仿竹雕笔筒（收藏于故宫博物院）

图18-47　黄釉青花葫芦瓶（收藏于山东博物馆）

第十八章　清朝风格与设计——清风懿美

十七、喜庆、端庄的珊瑚红釉瓷器

珊瑚红釉是将配好的釉料吹于细白瓷上，经低温烧造而成的，釉色均匀，颜色红中微闪黄，近似于天然珊瑚之色，具有明显的喜庆之感。

图 18-48 为通体珊瑚红釉为地，以珐琅彩绘画碧桃、翠竹和小鸟，纹饰布局疏朗，线条流畅；其造型为蒜头瓶口，长颈，圆腹，重心下沉，呈现出优雅、富贵、祥和之气。

图 18-49 为通体以珊瑚红釉为地，上绘数枝粉彩牡丹，图案精细，三朵盛开的黄、白、粉三色牡丹在绿叶的衬托下娇艳无比；造型端庄，瓶直口，削肩，圆腹，腹以下渐敛，圈足，器身呈橄榄状；颈部对称置贯耳。红釉瓷彰显着端庄、娴雅之美。

清代瓷器上的装饰纹样一般以表达瑞意、吉祥的纹样为主，如对"福"的表达，有"福字"纹样、蝙蝠纹样、葫芦纹样、五子纹样等。红色蝙蝠寓意"洪福齐天"，蝙蝠与双钱纹寓意"福至眼前"，蝙蝠与寿桃寓意"福寿双全"等。

图 18-48　珊瑚红地珐琅彩花鸟纹瓶
（收藏于首都博物馆）

图 18-49　珊瑚红地粉彩牡丹图贯耳瓶
（收藏于故宫博物院）

十八、凝重、雅致的红釉瓷器

红釉有珊瑚红、霁红、豇豆红、郎红、矾红、宝石红、朱红、枣红、胭脂红、海棠红等。皇帝举行盛大祭祀仪式时，采用配套的器物及颜色，祭天（蓝色）、祭地（黄色）、祭日（红色）、祭月（月白色）等，所穿龙袍、龙纹等也与之相配套。因而不同的红釉呈现了不同的意义，有热情、喜悦、活力、温暖、兴奋、冲动、幸福、喜庆、炫丽、奔放、欢庆、妩媚之美。

霁红釉（图18-50、图18-51），也称为"祭红""鸡红"，是因釉表面的红色胜过雨过天晴之美而得名。霁红釉面红色的状态是人们欣赏与关注的重点，器物颜色均匀凝厚，透着深沉与凝重。

豇豆红（图18-52、图18-53）因釉面酷似豇豆皮的颜色而得名，由于红釉的深浅及绿色斑点分布在不同的部位，故还有"美人醉""桃花醉""娃娃脸"等美称。清人洪亮吉诗赞"绿如春水初生日，红似朝霞欲上时"。郎红釉（图18-53）是时任江西巡抚的郎廷极在江西时烧造成功的瓷器，故称之为郎红。郎红如初凝之牛血，也被称为牛血红。其红釉凝厚、浓艳，釉面光亮、匀净，宛如揪着人们的心去祭献，显示着神圣与庄重。"矾红彩（图18-55～图18-57），也称铁红、抹红，呈现清新、雅致与繁丽之美。

图18-50　霁红釉玉壶春瓶
（收藏于辽宁省博物馆）

图18-51　霁红釉直口瓶
（收藏于辽宁省博物馆）

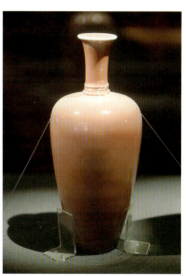
图18-52　豇豆红釉莱菔尊
（收藏于故宫博物院）

图18-53　豇豆红菊瓣瓶（收藏于旅顺博物馆）

图18-54　郎窑红碗（收藏于辽宁省博物馆）

图 18-55　矾红彩描金云龙纹直颈瓶（收藏于故宫博物院）　　图 18-56　矾红彩甘藤纹瓶（收藏于故宫博物院）　　图 18-57　白釉矾红彩蕃莲纹甘露瓶（收藏于辽宁省博物馆）

十九、生动、幽雅的炉钧釉瓷器

炉钧釉（图 18-58、图 18-59）器物的表面有各种美丽的彩斑和丝线纹理，形成的光影流淌自然；色调丰富，有月白、葱翠、钧红、朱砂红等颜色，呈现出生动、光耀、幽雅之美。

图 18-58　炉钧釉三足二耳花壶（收藏于辽宁省博物馆）　　图 18-59　炉钧釉二耳炉（收藏于辽宁省博物馆）

二十、清艳、高贵的霁蓝釉瓷器

霁蓝釉（图18-60～图18-63）有蓝宝石之誉，其色调匀润、浓艳、深沉，作为祭天之用品，在冷澹中呈现出幽雅、清艳与高贵。器物造型比较传统，规整、雅致中透着庄重、肃穆、真诚、崇高的审美心境。

图18-60　霁蓝釉象耳琮式瓶
（收藏于辽宁省博物馆）

图18-61　霁蓝釉瓶
（收藏于首都博物馆）

图18-62　霁蓝赏瓶
（收藏于江西省博物馆）

图18-63　霁蓝瓷器（收藏于辽宁省博物馆）

二十一、沉雄、文秀的茶叶末釉瓷器

茶叶末釉瓷器（图 18-64～图 18-67）因釉面质感似茶叶细末，故称之为"茶叶末釉"，还可细分为鳝鱼黄、蛇皮黄、蛇皮绿、蟹甲青、黄斑点等品种。

这种色釉的瓷器早在唐代便有，到清代雍正、乾隆时期创造出经典的"厂官釉"。其器物釉色呈失透、半木光状的黄绿色，在暗绿的底色下闪出犹如茶叶细末的黄褐色细点，如万点金星隐于釉中。偏绿者称为茶，偏黄者称为末，色釉深沉凝重、古朴清丽。大型茶叶末釉器物显得古穆沉雄，小型茶叶末釉器物则透着细纤文秀。古人曾赞誉说："茶叶末，黄杂绿色，娇嫩而不俗，艳于花，美如玉，最美目。"

图 18-64　乾隆款茶叶末釉荸荠瓶（收藏于沈阳故宫）

图 18-65　乾隆款茶叶末釉绶带葫芦瓶（收藏于沈阳故宫）

图 18-66　黄釉刻花瓷瓶（收藏于徐州博物馆）

图 18-67　茶叶末釉瓷器（收藏于辽宁省博物馆）

二十二、肥腴、圆融的青釉瓷器

青釉有冬青、天青、豆青、粉青等品种，瓷器为仿宋元时期的龙泉青瓷而创烧，又称"仿龙泉釉"。与龙泉窑瓷器相比，青釉瓷器的釉质肥厚、圆融、浓烈，如冰似玉；釉色青中闪绿，苍翠欲滴。豆青釉色深而浓，釉面肥腴；粉青釉色淡雅，呈浅湖绿色；冬青釉色匀净苍翠（图16-68、图16-69），釉面光润。

图18-70为青釉古铜器纹瓶，在釉彩下采用了仿古青铜时期的花纹，在规整中透着别致的气息。乾隆皇帝喜欢仿古，清代产生了大量的仿古器物。仿古主要体现在器型、装饰纹饰方面，采用清代工艺进行制作，有古今融合的感觉。

图18-68　冬青釉瓷器（收藏于辽宁省博物馆）

图18-69　冬青釉带盖葫芦瓶
（收藏于南京博物院）

图18-70　青釉古铜器纹瓶
（收藏于上海博物馆）

二十三、清雅、秀峭的蓝釉瓷器

蓝釉可细分为霁蓝、青金、天蓝、洒蓝、宝石蓝等。天蓝釉的釉色如蔚蓝的天空而得名，釉面幽菁、清澈，釉质莹洁、淡雅，如万里晴空，十分豁朗。图18-71中的器物是在天蓝釉上采用青花加白呈现的花卉，显得非常雅致、清逸。图18-72中的器物是在蓝地上进行雕塑，造型端庄、清馨，繁密的装饰表达着福寿吉祥。图18-73、图18-74中器物的天蓝釉釉质肥腴，透着温润、秀峭、轻逸之美。

图18-71 天蓝地青花加白折枝花卉纹双耳瓶
（收藏于深圳博物馆）

图18-72 蓝彩瓷雕花卉福寿穿带瓶
（收藏于杭州博物馆）

图18-73 天蓝釉水盂（收藏于辽宁省博物馆）

图18-74 天蓝釉螭耳椭圆洗
（收藏于辽宁省博物馆）

二十四、吉祥如意

图18-75～图18-77为如意，传说由战国时的一种工具演变而来，元代有如意云头纹，到清代时，如意受到了宫廷的喜爱，常常作为礼器或礼品。如意有柄头与柄身，柄头常常用云纹、灵芝纹，柄身可直可曲，其寓意与吉祥如意相连。

二十五、谦和、儒雅的盖碗

图18-78为盖碗，由碗身与碗盖两部分组成。从清代到现在，碗身与碗盖之间的状态被人们赋予了不同的社交语言，如端茶、喝茶，甚至盖碗的盖如何拿起、放下、翻动的姿势等都有了隐晦的含义，表达着欢迎、送客或愿进一步交往等多种意思。

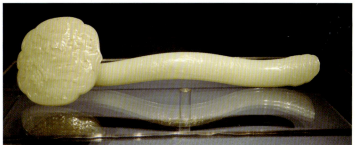

图18-75　青玉灵芝形如意（收藏于天津博物馆）

图18-76　红珊瑚云蝠灵芝纹如意（收藏于故宫博物院）

图18-77　黄杨木如意（收藏于北京艺术博物馆）

图18-78　盖碗（①收藏于南京博物院，②收藏于天津博物馆）

二十六、妙趣横生的皮影与京剧

图18-79为皮影，是采用动物皮或纸板制成人物、动物的剪影，将此剪影通过灯光投影到白色幕布之上，配以音乐、唱腔表演。皮影表演始于西汉，盛于清代，曲调各地有所不同，灵活多变。

图18-79　皮影（收藏于四川博物院）

二十七、精巧、玲珑的鼻烟壶

图18-80为鼻烟壶,是盛鼻烟的容器。鼻烟是一种烟草制品,人们嗅食之后有明目之功效,明末清初传入中国。鼻烟壶承载了清人许许多多的趣味,图案题材有京剧、蝈蝈等各式纹样,造型小巧、精致,图案精美,妙趣横生。

图18-80 鼻烟壶(①、②收藏于北京艺术博物馆,③收藏于沈阳故宫)

参考文献

[1] 刘静伟. 设计思维[M]. 北京：化学工业出版社. 2014.
[2] 李伯超. 中国风格学源流[M]. 长沙：岳麓书社. 1998.
[3] [美]迈耶·夏皮罗. 艺术的理论与哲学——风格、艺术家和社会[M]. 沈语冰，王玉冬译. 南京：江苏凤凰美术出版社. 2016.
[4] 李泽厚. 美的历程[M]. 桂林：广西师范大学出版社. 2001.
[5] 李泽厚. 华夏美学[M]. 天津：天津社会科学院出版社. 2001.
[6] 许倬云. 说中国：一个不断变化的复杂共同体[M]. 桂林：广西师范大学出版社. 2015.
[7] 吕思勉. 中国通史[M]. 上海：古籍出版社. 2005.
[8] 叶朗，朱良志. 中国美学通史[M]. 南京：江苏人民出版社. 2014.
[9] 蒋勋. 美的沉思[M]. 长沙：湖南美术出版社. 2014年.
[10] 蒋勋. 中国美术史[M]. 北京：生活·读书·新知三联书店. 2002.
[11] 马东峰、张景忠. 用年表读懂中国史[M]. 北京：北京理工大学出版社. 2014.
[12] [德]弗里德里希·黑格尔. 美学[M]. 燕晓冬编译. 北京：人民日报出版社. 2005.
[13] [意]翁贝托·艾柯. 美的历史[M]. 彭维栋译. 北京：中央编译出版社. 2007.
[14] [德]爱娃·海勒. 色彩的性格[M]. 吴彤译. 中央编译出版社. 2008.
[15] [英]E·H·贡布里希. 秩序感——装饰艺术的心理学研究[M]. 范景中、杨思梁、徐一维译. 长沙：湖南科学技术出版社. 2008.
[16] 钱穆，叶龙. 中国文学史[M]. 成都：天地出版社. 2016.
[17] 路宝利. 中国古代职业教育史[M]. 北京：经济科学出版社. 2011.
[18] 魏华. 中国工艺美术史[M]. 郑州：河南科学技术出版社. 2011.
[19] 孙洪伟.《考工典》与中国传统设计理论形态研究[D]. 上海大学. 2014.
[20] 高纪洋. 中国古代器皿造型样式研究[D]. 苏州大学. 2012.
[21] 唐开军. 家具风格的形成过程研究[D]. 北京林业大学. 2004.
[22] 胡绍宗. 从人形图符到"四体妍媸"——中国早期平面人物图像研究[D]. 西安美术学院. 2010.
[23] 常欣. 写意论[D]. 西安美术学院. 2010.
[24] 张国庆. 中国美学对"雄伟"、"秀丽"的体系式研究[J]. 文艺理论研究. 2005，3：99～107.
[25] 韩雪松. 中国古代绘画品评理论研究[D]. 苏州大学. 2010.
[26] 王璐璐. 服装品牌广告语研究[D]. 东华大学. 2009.
[27] 肖东发，张学亮. 原始文化——新石器时代文化遗址[M]. 北京：现代出版社. 2014.
[28] 朱志荣. 龙山文化陶器的审美特征[J]. 广东社会科学. 2008，3：152～156.
[29] 朱丽萍. 半坡陶器的设计要素与美感规律研究[D]. 苏州大学. 2008.
[30] 张秦. 河洛地区仰韶文化彩陶艺术初探[D]. 郑州大学. 2011.
[31] 冯利源. 论原始彩陶纹样对中国艺术审美特征形成的作用[J]. 大连大学学报. 2013，34（2）：56～59.
[32] 朱志荣、徐云敏. 马家窑彩陶的审美特征[J]. 西北师大学报：社会科学版. 2007，44（1）：35～38.
[33] 栾丰实. 中国文明起源研究的鸿篇力作——读《牛河梁——红山文化遗址发掘报告（1983—2003年度）》[J]. 考古. 2015，1：114～120.
[34] 田野. 红山文化80年——评述与展望[J]. 辽宁师范大学学报：社会科学版. 2015，36（3）：426～432.

[35] 朱志荣、石磊. 论红山文化中玉器的审美特征[J]. 黑龙江社会科学. 2007，1：134～137.

[36] 倪玉湛. 红山文化"勾云形"类玉器文化意义再探讨[J]. 艺术百家. 2009，6：184～188.

[37] 白雅力克. 红山文化彩陶纹饰审美研究[D]. 内蒙古师范大学. 2007.

[38] 管骅、朱志荣. 论良渚文化陶器的审美特征[J]. 云梦学刊. 2008，29（3）：107～111.

[39] 钱晓骏. 基于良渚文化的设计实践与应用研究[D]. 浙江工业大学. 2011.

[40] 王淑兰. 论良渚文化玉器纹饰的艺术表现形式[J]. 艺术理论. 2008，4：162～163.

[41] 董烨楠. 基于感性意象认知的良渚文化器物评价研究[D]. 浙江工业大学. 2013.

[42] 魏凯. 二里头文化年代学研究的反思——多元证据的分歧与互校[J]. 中国国家博物馆馆刊. 2015，（142）5：23～32.

[43] 朱志荣. 龙山文化陶器的审美特征[J]. 广东社会科学. 2008，3：152～156.

[44] 李冬阳. 从功利到人格——汉代之前玉器审美价值及其体现的审美意识[D]. 安徽大学. 2009.

[45] 李学勤. 夏商周断代工程与古代文明研究[J]. 天津师范大学学报：社会科学版. 2003，（166）1：22～27.

[46] 孙华. 中国青铜文化体系的几个问题[G]. 考古学研究（五）. 2003：921～948.

[47] 杨育彬. 夏商周断代工程与夏商考古学的发展[J]. 中原文物. 2007，6：39～45.

[48] 高良. 夏代玉器的审美特征[J]. 江南大学学报. 2008，7（3）：104～107.

[49] 高良. 夏代青铜器的审美特征[J]. 湖北师范学院学院. 2008，28（4）：5～8.

[50] 高良. 夏代陶器的审美特征[J]. 滁州学院学报. 2008，10（1）：8～12.

[51] 朱志荣、石迪. 论夏代玉器的审美特征[J]. 学术研究. 2009，3：134～160.

[52] 杨远. 夏商周青铜容器的装饰艺术研究[D]. 郑州大学. 2007.

[53] 倪玉湛. 夏商周青铜器艺术的发展源流[D]. 苏州大学. 2011.

[54] 杨远、刘莉莉. 夏代的工艺美术及审美观探析[J]. 郑州轻工业学院学报. 2008，6：47～50.

[55] 朱志荣、朱媛. 夏代二里头陶器的审美特征[J]. 清华大学学报：哲学社会科学版. 2011，26（5）：129～135.

[56] 兰娟. 先秦制器思想研究[D]. 南开大学. 2014.

[57] 朱志荣、陶国山. 商代玉器的审美特征[J]. 泰山学院学报. 2004，26（1）：14～19.

[58] 袁济喜. 先秦美学中的审美感觉论[J]. 中国人民大学学报. 2000，3：97～102.

[59] 闫晓琳. 浅析商周青铜器纹饰的美学特征[J]. 艺术与传统. 2008，6：97～98.

[60] 郎剑锋. 吴越地区出土商周青铜器研究[D]. 山东大学. 2012.

[61] 彭彦琴. 先秦美学的"社会化"和魏晋美学的"个性化"[J]. 江西师范大学学报. 2000，33（2）：19～23.

[62] 朱国芳. 《礼记》的审美文化意涵研究[D]. 山东大学. 2013.

[63] 朱志荣、刘莉. 西周金文书法的审美特征[J]. 甘肃社会科学. 2010，3：53～55.

[64] 朱志荣、周琰. 西周青铜器的审美特征[J]. 上海师范大学学报. 2007，36（4）：73～79.

[65] 朱志荣、王永梅. 西周玉器的审美特征[J]. 华北水利水电学院. 2007，23（4）：10～13.

[66] 贺卫东. 先秦儒家《诗》教美育思想研究[D]. 陕西师范大学. 2013.

[67] 陈立群. 先秦天人观念的变迁与审美意识的酝酿[D]. 复旦大学. 2003.

[68] 王永梅、朱志荣. 东周玉器的审美特征[J]. 湖北师范学院学报. 2008，28（4）：9～12.

[69] 宋玲平. 东周青铜器叙事画像纹地域风格浅析[J]. 中原文物. 2002，2：46～50.

[70] 李晓燕. 以史为镜 知古鉴今——先秦楚漆器研究[D]. 武汉理工大学. 2012.

[71] 魏昌. 楚国历史文化读本[M]. 武汉：湖北人民出版社. 2009.

[72] 王祖龙. 楚漆器艺术的审美表现特征[J]. 荆州师范学院学报：社会科学版. 1999，3：107～114.

[73] 王祖龙. 楚纹饰的审美透视[J]. 荆州师范学院学报：社会科学版. 2000，4：55～59.

[74] 王祖龙. 楚铜器纹饰的审美特征及其文化内涵[J]. 荆州职业技术学院学报[M]. 2001，16（1）：13～18.

[75] 王祖龙. 诙诡谲怪 道通为一——楚雕刻艺术的造型与审美[J]. 长江大学学报（社会科学版）. 2006, 29（5）: 26~36.

[76] 中华秦文化辞会. 中华秦文化辞典[M]. 西安: 西北大学出版社. 2000.

[77] 童佳雯. 基于秦文化的服装语用技术研究[D]. 西安工程大学. 2015.

[78] 安珊珊. 地域审美视野下的秦文化[D]. 四川师范大学. 2010.

[79] 金维诺. 秦代的雕塑艺术[J]. 雕塑. 2003, 2: 44~46.

[80] 樊祯祯. 汉代情感思想及其美学意义[D]. 山东师范大学. 2010.

[81] 田思慢. 汉乐府女性题材审美论[D]. 西北大学. 2008.

[82] 潘天波. 汉代漆艺美学思想研究[D]. 陕西师范大学. 2013.

[83] 卢花. 汉代瓦当审美研究[D]. 西北大学. 2012.

[84] 王娟. 汉代画像石的审美研究——以陕北、晋西北地区为中心. 西北大学博. 2011.

[85] 麻赛萍. 汉代灯具研究[D]. 复旦大学博士. 2012.

[86] 袁济喜. 论宗白华的魏晋美学解读[J]. 中国人民大学学报. 2003, 4: 140~146.

[87] 宗菲. 魏晋玄学影响下传统园林美学范畴的构建[D]. 天津大学. 2013.

[88] 樊波. 魏晋风流——魏晋南北朝人物画审美研究[D]. 中国社会科学院. 2003.

[89] 邵军. 唐代书画理论及其审美观研究——以李嗣真、张怀瓘、窦氏兄弟三家为中心. 中央美术学院. 2004.

[90] 胡用群. 唐宋绘画"逸品说"嬗变研究[D]. 南京艺术学院. 2011.

[91] 谷莉. 宋辽夏金装饰纹样研究[D]. 苏州大学. 2011.

[92] 程雅娟. 宋辽金乐舞服饰艺术研究[D]. 苏州大学. 2013.

[93] 王福利. 辽金元三史乐志研究[D]. 扬州大学. 2001.

[94] 王晓骊. 闲雅·高雅·清雅——论宋代雅词发展的三个阶段[J]. 山西师大学报: 社会科学版. 2001, 28（1）: 54~58.

[95] 张雷宇. 南宋清雅词派研究[D]. 浙江大学. 2005.

[96] 章辉. 南宋休闲文化及其美学意义[D]. 浙江大学. 2013.

[97] 苏梅. 宋代文人意趣与工艺美术关系研究[D]. 苏州大学. 2010.

[98] 许静. 宋代女性头饰设计研究[D]. 苏州大学. 2013.

[99] 刘若斌. 宋代民俗文化审美研究[D]. 山东师范大学. 2015.

[100] 张翠爱. 两宋休闲词研究[D]. 苏州大学. 2009.

[101] 陈思. 北宋绘画文人化研究[D]. 中央美术学院. 2013.

[102] 边凯. 论宋代山水画中景的再现与境的营造[D]. 中央美术学院. 2014.

[103] 徐铮铮. 元代青花瓷器绘画风格及其原因[D]. 重庆大学. 2006.

[104] 李珊. 倪瓒绘画美学思想研究[D]. 武汉大学. 2010.

[105] 葛琦. 元杂剧人物形象研究——在民族文化交融背景下[D]. 中央民族大学博. 2013.

[106] 赵琳. 元明工艺美术风格流变[D]. 复旦大学. 2011.

[107] 赵强. "物"的崛起: 晚明的生活时尚与审美风会[D]. 东北师范大学. 2013.

[108] 李雪艳.《天工开物》的明代工艺文化——造物的历史人类学研究. 南京艺术学院. 2012.

[109] 谢云霞. 晚明江南文人园林设计美学思想研究[D]. 吉林大学. 2015.

[110] 郑丽虹. 明代中晚期"苏式"工艺美术研究[D]. 苏州大学. 2008.

[111] 姚健. 意匠、意象与意境——明式家具的造物观研究[D]. 中央美术学院. 2014.

[112] 陈建新. 李渔造物思想研究[D]. 武汉理工大学. 2010.

[113] 董定一. 明清游历小说研究[D]. 南开大学. 2013.

[114] 刘庆. 清代官窑瓷器的装饰特色及文化传承研究[D]. 南开大学. 2014.

[115] 刘虎. 康雍乾三朝宫廷绘画研究[D]. 天津大学. 2011.

[116] 李瑞君. 清代室内环境营造研究[D]. 中央美术学院. 2009.

[117] 许艳娜. 雍正朝瓷器的美学风格研究[D]. 景德镇陶瓷学院. 2014.